宁波文化研究工程·特色文化研究

宁波近代麻将文化研究

NINGBO JINDAI MAJIANG WENHUA YANJIU

鲍展斌　著

ZHEJIANG UNIVERSITY PRESS
浙江大学出版社

图书在版编目(CIP)数据

宁波近代麻将文化研究 / 鲍展斌著. —杭州:浙江
大学出版社,2021.11
　ISBN 978-7-308-21908-2

　Ⅰ.①宁… Ⅱ.①鲍… Ⅲ.①麻将—文化研究—宁波
—近代 Ⅳ.①G892.2

中国版本图书馆 CIP 数据核字(2021)第 219054 号

宁波近代麻将文化研究

鲍展斌　著

策划编辑	吴伟伟	
责任编辑	陈　翩	
责任校对	丁沛岚	
封面设计	项梦怡	
出版发行	浙江大学出版社	
	(杭州市天目山路 148 号　邮政编码 310007)	
	(网址:http://www.zjupress.com)	
排　　版	浙江时代出版服务有限公司	
印　　刷	杭州良诸印刷有限公司	
开　　本	710mm×1000mm　1/16	
印　　张	12.25	
字　　数	210 千	
版 印 次	2021 年 11 月第 1 版　2021 年 11 月第 1 次印刷	
书　　号	ISBN 978-7-308-21908-2	
定　　价	58.00 元	

前　言

毛泽东说过:"中国对世界有三大贡献,第一是中医,第二是曹雪芹的《红楼梦》,第三是麻将……你要是会打麻将,就可以更了解偶然性与必然性的关系。麻将牌里有哲学哩。"[①]孟真(茅盾的另一笔名)先生也探讨过麻将哲学,认为"除了梅兰芳,中国文明之能发扬于海外的怕要首推麻将了"[②]。麻将何以如此受人欢迎呢?因为麻将最接近世俗生活,娱乐性强,具有广泛的人民性。144 张麻将牌中包含了中国人的人生哲学。"碰""吃""和"三字,说明了人世间的一切。《论语·阳货》有云:"饱食终日,无所用心,难矣哉!不有博弈者乎,为之,犹贤乎已。"由此可见,孔夫子也认为酒足饭饱后,博弈一下,是人生高妙境界。

麻将是清代宁波人陈鱼门在继承博戏、叶子戏、宣和牌、马吊、默和牌与碰和牌等传统博弈工具基础上,融合儒家文化、商帮文化、钱庄文化、航海文化与稻作文化等中华优秀传统文化而新创的一种骨牌博弈方式。近代学者杜亚泉在《博史》一书中称麻将"几集吾国博具之大成",为"现时游

---

① 孙宝义、刘春增、邹桂兰:《听毛泽东谈哲学》,人民出版社 2012 年版,第 8 页。
② 孟真:《麻将哲学》,《绍兴师专学报(社会科学版)》1986 年第 4 期。原载《申报·自由谈》1934 年 2 月 28 日。

戏中之进化最高者"。① 麻将是极具中国特色的传统文化遗产,是东方智慧和博弈文化的结晶,更是一种战略性文化资源,一代伟人和许多先贤都对麻将作出了高度评价。然而,令人遗憾的是,很长一段时间以来,一些人把麻将当作毫无价值的赌博工具看待,视麻将为洪水猛兽。学术界也一直羞于研究这种颇有争议的大众娱乐工具,觉得它不能登上学术研究的大雅之堂。就连图书馆,也很少采购麻将文化方面的学术著作。其实,一些人视麻将为赌博工具,怪罪它害人害己,是弄错了对象。赌博之过在于人,不在于物。把麻将视为一种祸国殃民的赌博工具,是对麻将文化本质的一种曲解。"工具作为一种中性存在,它自身无所谓危机与非危机。也就是说,工具本身是不伤害人也不利人的,它本身不会决定自己如何,而结果完全取决于制造和发明它的主体,即取决于人的态度和应用。"②曾任世界麻将组织主席的于光远先生说过一句很中肯的话:"麻将本身的文化魅力无穷,把麻将用于赌博,乃人的问题,而非麻将之过。"③1998 年7 月,国家体育总局审定的《中国麻将竞赛规则(试行)》指出:"麻将与赌博并没有必然联系。新中国成立以后,赌博消失了,麻将却在人们的业余文化生活中健康地存在了许多年。今天,当有人用麻将作赌具的时候,其罪责,当不在麻将。橘生于淮南谓之橘,植于淮北谓之枳。事在人为。"可见,麻将不是赌博工具而是一种娱乐文化,麻将不但展现了中国人的智慧,也表现了中国人的文化特征。

时代在发展,社会在进步。辩证认识麻将,揭示其蕴含的丰富的历史文化内涵,推陈出新,兴利除害,古为今用,实属一桩利国利民的大学问。

麻将是近代宁波人的杰作,是"海上丝绸之路"非物质文化遗产,是近代中国的一个强大的文化输出。④ 宁波成为麻将首创城市和"海上麻将

---

① 杜亚泉:《博史》,开明书店 1933 年版。

② 邹广文:《当代文化哲学》,人民出版社 2007 年版,第 52 页。

③ 马惠娣:《麻将里的文化与故事,你知道多少》,《中华遗产》2009 年第 2 期。

④ 《世界博览》编辑部:《麻将,玩转世界——中国近代最强大的文化输出》,《世界博览》2013 年第 3 期。

之路"①始发港,是有充分的史料为依据的。其他的麻将发明说,诸如孔子说、郑和说、万秉迢说、太仓说等,皆因缺乏充分的史料依据而仅仅属于民间传说。

"麻将,中国之'国粹',可以说是四大发明之外,老百姓娱乐生活中最重要的一项发明了。中国人爱打麻将,那是出了名的。你去看看,逢年过节,家家是麻将声,好不热闹。没有麻将的节日,就显得冷清;没有麻将的节日,就感觉没过节一样。可以说,'麻将文化'已经融入中国老百姓的血液之中,成为一种生活方式。"②

2007年6月7日人民网发表的一篇文章是这样说的:"麻将是正宗的国粹,麻将运动在我国城乡更是普遍,流行范围涉及社会各个阶层、各个领域,已经进入千家万户,成为我国最具规模和影响力的智力体育活动。麻将运动的客观存在是当今中国任何人都无法回避的现实……一味地禁止有着群众基础的娱乐活动,而不去为老百姓的文化生活着想,这种思想到了该抛弃的时候了。"③

麻将源于中国,属于世界。麻将在发明不久就跨出国门。如今,麻将文化早已走向全球,竞技麻将更成为一种世界性的体育赛事。但麻将这种国粹却因一些人的误解而在国内颇具争议,且备受诟病,成为"墙里开花墙外红"的典型。我们迫切需要以战略眼光重新审视麻将文化,以习近平总书记关于文化遗产的论述为指导,推动中华优秀传统文化创造性转化、创新性发展,让中华优秀传统文化活起来、火起来!

---

① "海上麻将之路"是"海上丝绸之路"的一部分。它是指近代中国与世界其他国家与地区进行麻将文化交流的海上通道。这一学术概念由笔者首先提出。

② 侯发田:《美国人迷上"中国麻将"有啥好处?》,http://news.sdnews.com.cn/other/201010/t20101029_147771.html。

③ 崔桦:《麻将真经》,成都时代出版社2011年版,第17页。

目　录

上篇　宁波近代麻将溯源与审视

下篇　宁波近代麻将文化之创新

上　篇

宁波近代麻将溯源与审视

一、宁波近代麻将的起源

　　麻将牌也称作麻雀牌,是由纸牌衍变而成的中国民间传统游戏玩具,并结合了唐代叶子牌、宋代宣和牌、明代马吊牌、清代默和牌的部分特点,一直到近代中国资本主义萌芽前,才最终成为近代骨牌麻将的范本及模板。整套麻将牌由外盒、牌块、骰子、筹码、定位牌等5个部分组成,全副牌共有144张,按照牌面图案和标记,分为纹样序数、方位、季节、文字、动植物等5类符号组团,由一筒至九筒36张筒牌,一索至九索36张索牌,一万至九万36张万字牌,"东、南、西、北"16张风牌,"中、发、白"12张箭牌,以及"春、夏、秋、冬、梅、兰、竹、菊"(或"春、夏、秋、冬、财神、元宝、猫、老鼠")8张花牌组成。在竞赛的时候,采取随机抽取的方式,4位参赛者分坐在东、南、西、北4个方位,集中抓取13张基本牌后,按照吃、碰、岔、杠、和自行替换的方式,以各类牌型的收集完成程度作为单局输赢依据,以和牌数量总数和规模的大小决出胜负。

　　近代麻将是宁波人发明的一种娱乐和交际工具,以宁波为中心通过海上贸易和文化交流向全国乃至向全世界传播。麻将是宁波海商文化的衍生物,与宁波钱庄文化和航海文化密切相关,不能因为有人用来赌博就否定它的历史文化价值,而应取其精华、去其糟粕,推陈出新,发扬光大。

（一）麻将起源的几种民间传说

宁波海商文化即宁波商帮在从事海洋贸易、海洋金融、海洋运输等经济活动时,创造出来的物质文明和精神文明成果。文化衍生物,就是从文化母体中得到的新型文化载体。经笔者考证,近代麻将(竹骨牌)是宁波商帮海商文化的衍生物,是享誉世界的"海上丝绸之路"非物质文化遗产①。笔者之所以称麻将为近代麻将,旨在与麻将的前身——博戏、叶子(格)戏、马吊、默和牌、碰和牌等游戏区别开来。马吊等叶子戏作为早先的博戏,自然会对麻将产生影响,但不能将马吊等叶子戏的诞生视为麻将的诞生。实际上,麻将在诞生时就已经是一种融合了诸多玩法的新型博戏。麻将与马吊存在显著的区别。徐珂在《清稗类钞》中就将二者分为不同的种类来阐释,如马吊是纸牌,基本牌是"索子""万贯""十万贯""文钱","文钱"中最尊者为"空汤",牌面绘以《水浒传》中人物,打法更无麻将中的"碰和""听牌"。相似之处在于都是四人为戏。民国时期,杜亚泉在《博史》中详细梳理了马吊、默和牌、碰和牌、麻将的历史,从中可以看出麻将是对马吊等传统博戏的继承和发展。

当前,学术界有许多人把这些游戏与麻将混为一谈,出现了麻将发明的诸多观点:有说是孔子发明的;有说是韩信发明的;有说麻将起源于唐朝的"游祥和"纸牌;有说起源于北宋宣和年间的骨牌;有说起源于明朝郑和下西洋时设计的竹牌;有说是明代一个叫万秉迢的人发明的,他为纪念水浒108位好汉,设计出了108张麻将纸牌;有说麻将由江苏太仓"护粮牌"演变而来;甚至有说麻将在唐代就传入日本;等等。上述说法中,不仅麻将产生的时代背景迥异,而且故事五花八门。研究麻将的起源与发展,必须以马克思主义唯物史观为指导,正本清源,尊重史实,实事求是。无疑,麻将起源于中国。但麻将的发明者是谁? 麻将究竟在何时诞生? 这

---

① 在此需要说明的是,麻将申遗屡遭挫折,迄今未果。

是本书要重点回答的问题。

麻将起源于中国，民间传说原属皇家和王公贵胄的游戏，其历史可追溯到三四千年以前。在长期的历史演变过程中，麻将逐步从宫廷流传到民间，到清朝中叶基本定型。具体有以下几种说法。

1. 孔子发明说

由于孔子的名头很大，外国文献中常见的说法是"孔子发明了麻将"。一些外国人认为，麻将是孔子在广州发明的奇特游戏。1922年出版的《麻将指南》上印有"2200年前孔子的游戏，当下的风潮"字样。西班牙麻将游戏手册作者奥泰萨（C. de Oteyza）宣称，经过他的实地考察，麻将在中国流传的路线，与孔夫子周游列国的路线一样。麻将里的红中、白板与绿发代表孔子周游列国的三种核心道德观念——仁、信、孝。平生最爱鸟的孔子更是以"麻雀"命名这种游戏。麻将中的碰、吃、和，也与孔子有关："碰"对应孔子的姓氏（Kong），"吃"则暗合孔子的妻子的名字。

还有一位自号"字桑居士"的中国作者，以英文撰写《麻雀正诠》（*Sparrow：The Chinese Game Called Ma-ch'iau；A Descriptive and Explanatory Story*），该书在20世纪20年代颇受重视。书中有专门章节验证麻将的玩法是否蕴含着儒家《易经》的哲学。由此可见，当时对于很多外国人来说，麻将不仅提供消遣，还是一个凝聚着中国古代智慧的游戏。玩麻将是向往东方情调的中产阶层证明身份地位的方式。

2. 纪念梁山好汉说

传说麻将是明朝时一个名叫万秉迢的人发明的。万秉迢设计的麻将牌中，万字牌、饼子牌和条子牌为108张，暗喻梁山108位好汉，如九索指"九纹龙"史进，二索指"双鞭"呼延灼等。后来，万秉迢考虑到梁山好汉分别来自东、西、南、北、中五个方位，又增添了"东""西""南""北""中"各四张。据说，由于宋江一心想被招安，并不想打赢朝廷，所以打麻将胜者历来都说"和"，而不说"胜"或"赢"。

3. 郑和下西洋说

郑和下西洋时，船上没有什么娱乐设施，为了稳定军心，郑和发明了一种娱乐工具。他以纸牌、牙牌、牌九等为基础,以100多块小木片为牌子,以舰队编制,分别刻了一条至九条;又以船上装淡水桶的数量,分别刻了一筒至九筒;然后根据风向,刻了东、西、南、北四个风向;又以吸引人的金钱刻了一万至九万;刻了红色的"中";又根据一年四季刻了四个花牌;最后有一块牌不知道刻什么好,索性不刻任何东西,这就是"白板"。第一次玩的时候是郑和、副帅等四人参与,在确定了游戏规则后,全船人员都开始玩此游戏。船上有一个姓麻的将军,玩起来得心应手,于是郑和将这个游戏命名为"麻大将军牌",后人因此简称"麻将牌"。

4. 太仓"护粮牌"说

江苏太仓清朝时曾建有皇家的大粮仓,常年囤积稻谷,以供"南粮北调"。由于麻雀常来粮仓偷吃稻谷,管理粮仓的官吏为了奖励捕雀护粮者,以竹制的筹牌记捕雀数目,凭此发放酬金,这就是太仓的"护粮牌"。这种筹牌上刻着各种符号和数字,既可观赏,又可游戏,还可作兑取奖金的凭证。而"麻将"与吴语"麻雀儿"读音相近,这可能是麻将牌起源于吴语区太仓的一个证据。

麻雀牌三种基础花色的名字叫"万、索、筒":"万"是赏钱的单位,几万就是赏钱的数目;"索"即"束",是用细绳束串起来的雀鸟;"筒"即枪筒,几筒则表示几支火药枪。此外,"东、南、西、北"为风向,故称"风",火药枪射鸟应考虑风向。"中、白、发"的"中"即射中之意,故为红色;"白"即白板,放空炮;"发"即发放赏金,领赏发财。另外,"碰"即枪声"嘭","和"是"鹘"。

5. 宁波陈鱼门说

清朝同治年间,宁波有一个官员,名叫陈政钥,字鱼门,号仰楼。陈鱼门与英国驻宁波领事夏福礼相交甚笃,并教会了这位英国外交官打麻将。

麻将是宁波话"麻雀"(mojiang)的读音,而且日语中的所有麻将术语,也都采用宁波方言的读音。陈鱼门新创了杠、吃和用骰子定位的方法。因此,国内外许多人认为麻将是宁波人陈鱼门根据马吊的基本花色和牌九的基本形式新创的一种骨牌博弈方式,其从宁波流传到全国各地的时间大约在清朝同治、光绪年间。马吊里的 7 张字牌本来是叫"公、侯、将、相、文、武、百",古代的官员对此很反感,认为打牌就是在玩弄长官,于是就下了禁令,马吊由此成了禁忌游戏。

到了同治年间,陈鱼门把马吊牌里的字牌"公、侯、将、相"改成了麻将牌里的"东、西、南、北","文、武、百"改成了"中、发、白"。一方面,海上行船讲究风向,东、西、南、北最常用;另一方面,这样改名可以避讳官职名称。没想到陈鱼门发明的麻将使马吊重获新生,成了现今最受大众喜爱的娱乐方式之一。

上述种种麻将起源说,多数也只是在民间口口相传,除了"宁波陈鱼门说"外,其他说法均没有充分的史料依据,相关文献中也未见麻将发明人的详细介绍。唯物史观认为,社会存在决定社会意识。麻将发明的"孔子说"完全是不切实际的臆说,无据可查。"纪念梁山好汉说"与"郑和下西洋说"虽有一些来历,与马吊起源有一定关联,但关于麻将的诞生总体而言缺乏依据。麻将牌的花色也不是凭空诞生的,而是对传统博戏的继承,索、筒、万均在其他博戏中可以找到,碰和牌更是在明代就已经出现,不可能是鸟枪的声音,因此,麻将发明的"太仓说"尽管流行一时,却不可靠。不过,有史为证的是,麻将牌的成型和发展的确受到航海业的影响。

历史上第一本麻将谱《绘图麻雀牌谱》(1914 年成书)的作者沈一帆指出:

> 麻雀之始,始于宁波,不过三十余年,继及苏浙两省,渐达北京。[①]

近代麻将由明代叶子戏嬗变而来。对此,民国时的袁克文也作了考证。其撰写的《雀谱》一卷(余大雄作序),又名《叶子新书》,都刊载于《半月》杂志。他自谓:

> 得明代叶子一局,从而略窥古法,复搜集天津、丹徒、临沂、歙县诸地之叶子,附以雀牌,作《沿革表》,纪其嬗变,作《角戏志》,疏其法

---

① 沈一帆:《绘图麻雀牌谱》,时务书馆 1914 年版。

例,合为以编,命曰《叶子新书》。戏虽无益,亦一代之文物也。①

杜亚泉《博史》云:

> 马将牌先流行于闽粤濒海各地及海舶间,清光绪初年,由宁波江
> 厦延及津沪商埠。大约明亡以后,大官贵胄,及其宗亲子弟,多奔走
> 于浙闽南粤之海上,故流传此牌。清乾隆年间,尚流行默和牌,未加
> 将牌,乾隆以后,花和牌盛行,亦无人顾问。五口通商以后,海舶多聚
> 于宁波江厦;各省贾客,流于江厦,繁盛过于上海,演习马将者遂
> 日众。②

根据上述文献记载,可以肯定地认为,麻将的出现是在清朝晚期,乾
隆年间流行的默和牌和乾隆以后盛行的花和牌只是麻将牌的前身,不能
等同于麻将牌。麻将牌的发明和流行是五口通商以后的事,于同治、光绪
年间由东南沿海(以宁波为中心)开始传播到全国各地并走出国门,跟海
上贸易相关,五口通商是一个重要的时间节点。因麻将是近代发明的,故
称之为近代麻将。据中国首家麻将博物馆——宁波"麻将起源地陈列馆"
考证,近代麻将是清代宁波人陈鱼门于清朝同治三年(1864)发明的,如今
麻将博物馆便坐落于陈鱼门家族的宗祠内。

因此,宁波才是近代麻将的真正诞生地与传播地,这与宁波发达的海
上贸易及钱业(即钱庄业)文化密切相关。笔者认为,近代麻将的发明是
宁波海商文化衍生出来的一大创举。近代麻将也是宁波"海上丝绸之路"
非物质文化遗产的代表作之一。

(二)麻将起源的时间

在明确麻将的定义和称呼后,再来追溯麻将的起源时间。正如上

---

① 郑逸梅:《清娱漫笔》,上海书店 1982 年版,第 110 页。
② 杜亚泉:《博史》,开明书店 1933 年版,第 35 页。

文所述,早期文献中将麻将称为麻雀,那么,文献中最早出现名为麻雀的博戏是何时呢?通过检索文献,可以肯定的是,麻将至迟在 19 世纪 80 年代已经出现。

在清朝道光五年(1825)刊印的李调元《童山集》卷 38《弄谱百咏》中就有麻雀这一游戏:"分明射覆理难谙,只判阴阳北与南,谁是旋乾转坤手,此中奇偶定能参。麻雀实即捻钱也。"但这首诗中的麻雀戏与现在麻将的玩法很难让人产生联系。若无玩法则难以判断 19 世纪的麻雀与今日流行的麻将之间的传承关系。清代张德彝在所著《五述奇》中明确记载了他所观察到的麻将打法。张德彝(1847—1918),毕业于京师同文馆,是中国早期的翻译人才,19 岁时就随使团出行欧洲,写下《航海述奇》记录西欧风土人情,前后 8 次出使欧洲,均写成文字传世。光绪十三年(1887),张德彝作为候选同知随团出使欧洲,于光绪十五年(1889)在航行途中记录了同行者打麻将的详情:

> (光绪十五年正月)二十九日丙午,早,大晴,极暖,换着棉衣,未刻微阴。同人中间有晚间打牌为戏以免寂坐无聊,其牌名麻雀,又名马将,与寻常通行之牙牌不同,却与北方之蒲牌相似。亦有由一至九之索、饼、万,虽无白枝、红人与老千,而有中发或龙凤与白板,更有东、南、西、北之名,各皆四扇,此常例也。如欲加花则又有东、南、西、北王,总王,索化,万化,同化,春、夏、秋、冬,兰、荷、菊、梅,福、禄、寿、喜,渔、樵、耕、读,公、侯、将、相,琴、棋、书、画等名目,又各皆一扇,以上牌名如此。[①]

张德彝明确提出麻雀即"马将",音同"麻将",也证明了麻将即麻雀的转音。更重要的是,其记载了麻将牌的基本情况。如索、饼、万,发、白,东、南、西、北,这些"常例牌"与现代麻将的基本牌几乎完全一致。而花牌"有东、南、西、北王,总王,索化,万化,同化,春、夏、秋、冬,兰、荷、菊、梅,

---

① 钟叔河、曾德明、杨云辉主编:《张德彝五述奇》,钟叔河校点,岳麓书社 2016 年版,第 228 页。

福、禄、寿、喜,渔、樵、耕、读,公、侯、将、相,琴、棋、书、画"等。其中春夏秋冬、梅兰竹菊等花牌在今天的麻将中也很常见。由此可见,张德彝于光绪十五年(1888)所见的麻雀牌已经基本定型。

但是在 19 世纪 80 年代,有关麻将的记载是非常稀少的。麻将大量见于文献还是在 19 世纪 90 年代,尤其是在各类小说中。如:

> 却见靠窗那红木方桌已移在中央,四枝檀烛点得雪亮,桌上一副乌木嵌牙麻雀牌和四分筹码皆端正齐备。(《海上花列传》第 13 回)

> 原来他是一个江南不第秀才,捐了个二百五的同知,在外面瞎混,头一件精明的是打得一手好麻雀牌。(《二十年目睹之怪现状》第 83 回)

> 偷天换日的新政委员,短发西装的假革命党,雾说乱话的新闻社员,都好像没事的一般,依然叉麻雀、打野鸡,安垲第喝茶,天乐窝听唱,马龙车水、酒地花天。(《孽海花》)

> 江南此时麻雀牌盛行。各位大人闲空无事总借此为消遣之计,有了六个人不论谁来凑上两个便成两局。(《官场现形记》)

这些小说的作者有一个共同点——都曾在上海工作或生活。可见在当时的上海,搓麻将确实已经风行。由此可以推断,在 19 世纪 90 年代,麻将已经流行于以上海为代表的江南地区。而麻将传入北京后,深受京城皇亲官僚的喜爱,在徐珂《清稗类钞》中就记载有"孝钦后好雀戏"一则逸事。孝钦后即慈禧太后,徐珂言慈禧所用的麻雀牌以象牙制成,长二寸,阔一寸,雕刻精细,有如鬼斧神工。根据《清稗类钞》,在宣统年间,麻将已经传至沈阳。麻将在诞生后 20 多年时间里即传遍全国,可见其魅力之大。而考虑到麻将从诞生到普及需要一定时间,笔者认为,麻将诞生的时间应在 19 世纪六七十年代。

在明确了麻将的起源时间后,很多关于麻将起源的错误传说即可不攻自破。例如,现在较流行的"郑和航海说",言郑和在下西洋时为了排解航行时的烦闷而发明麻将,甚至说是麻将得名是因为"麻大将军"。实际上这属于典型的望文生义,若是麻将诞生于此,为何跟随郑和下西洋的马欢所著《瀛涯胜览》、费信所著《星槎胜览》、巩珍所著《西洋番国志》三部一手史料中几无关于麻将的记载？且明代各类文献中均未出现麻将这一博戏。可见郑和发明麻将之说纯属无稽之谈，不应再以讹传讹。又如，将麻将的起源追溯至马吊，该说法始自民国。在1935年出版的《杶庐所闻录》中，专有一章论及麻雀牌，认为"麻雀"是"马将"的转音，而马将实际是马吊。该章论及马吊牌较多，而其中也提及麻将和马吊的传承实际上也只剩下"索、万、筒"而已。杨荫深1946年出版的《中国游艺研究》认为，麻雀称为马将，乃因其从马吊牌转变而来。更早的记载见于1925年的《红玫瑰》杂志，名为"风厂"的作者撰有《麻雀牌考》一文，给出了更详细的解释，即"马吊"转为"麻鸟"，"麻鸟"转为"麻雀"，再由"麻雀"转为"麻将"。此说看似合理，但忽视了马吊牌在江南已经流行数百年，普及度极高，文献中关于马吊的记载也不胜枚举，为何要用如此复杂的转音来再命名一次呢？所以，要考证麻将的起源，除了要明确麻将的定义外，还应明确麻将的称呼。现在，人们普遍认为麻将是麻雀的吴语区宁波方言转音，其正确名称应是麻雀。今天，广东等地乃至日本也依然称之为麻雀。除了麻雀外，亦有文献将麻将记为马将，同样是方言的转音。《清稗类钞》称之为"叉麻雀"，在19世纪的文献中有"撮麻雀"一说，如此一来，可知麻将实际上是"叉麻雀"的简称，而非马吊的转音。清末民初的文献更接近麻将的起源年代，其真实性与可靠性均高于后出的文献。

（三）麻将起源的地点

关于麻将的起源地，是麻将起源问题中最为复杂的，一直以来可谓众说纷纭，其中最著名的有"太仓说""宁波说""闽粤说"。

1. 太仓说

"太仓说"是近年来极为流行的一种说法。该观点认为，麻将起源于太仓"护粮牌"。这一说法看似合理，但也有解释不通的地方。其一，根本没有文献记载作为依据。清末文献并无麻将起源于太仓的说法,仅提及太仓粮仓多麻雀一事,如清代李苞《敏斋诗草》中提及太仓粮仓常有麻雀啄食,童子打麻雀之事。即使到了民国时期,文人开始对麻将进行研究,探讨其发源时,亦无记载言及麻将起源于太仓。其二,该说法关于麻将的术语解释错误极多,不仅缺少文化内涵,而且不符合中国人的传统习惯。麻将牌的花色不是凭空诞生的,而是对传统博戏的继承,索、筒、万均在其他博戏中可以找到,碰和牌更是在明代就已经出现,不可能是鸟枪的声音,因此"太仓说"尽管流行,却不可靠。

2.宁波说

《清稗类钞》记载:"麻雀亦叶子之一。以之为博,曰'叉麻雀'。凡一百三十六,曰'筒、索、万',曰'东、南、西、北',曰'龙、凤、白',亦作'中、发、白'。始于浙之宁波,其后不胫而走,遂遍南北。"①

在清末民初士人的眼中,麻将也起源于浙江宁波。清末樊增祥《樊山续集》卷26《十忆集》有载:"撮麻雀之戏,二十年前起于宁波,今遍天下矣。""撮麻雀",正是当时流行的对搓麻将的称呼。樊增祥《樊山续集》刊刻于光绪二十八年(1902),"二十年前"或是约数,以二十年算起,正是19世纪80年代。若该条写于19世纪90年代,则麻将或起源于19世纪70年代。樊增祥是清代官员、文学家,湖北恩施人,光绪三年(1877)进士,在《樊山续集》出版之前,历任陕西渭南知县、陕西布政使。可见麻将起源于宁波的说法,在当时已经流传很广;而且樊增祥并非宁波本地人士,其说具有相当的客观性。沈一帆在《绘图麻雀牌谱》中认为麻将起源于宁波。民国时期刊行的报纸中也不乏提及麻将起源于宁波的文章,如王吉民在《小说丛报》上发表《叉麻雀文》,提及"麻雀之制,肇始于宁波"。

徐珂在记述麻将起源于宁波的同时,又言是由太平军传入宁波,随后普及。徐珂指出,太平军起事后,军中用麻将来赌酒,增入了筒化、索化、

① 徐珂:《清稗类钞》第35册,商务印书馆1918年版。

万化、天化、王化、东南西北化,这些都是太平天国诸王的封号,后来流入宁波。这一说法也具备一定的合理性,在前文述及的《五述奇》中,麻将牌的花色也确实包括东、南、西、北王和总王,与太平天国的东、南、西、北四王和天王暗合。所以,麻将在定型时吸收了太平军游戏的玩法、花色是极有可能的。

国外文献中也有认为麻将起源于宁波的。1923 年出版的由美国人巴布考克(Joesph Babcock)所著之《麻将》(*Mah-Jong*),论及麻将的历史,认为麻将是在 19 世纪 70 年代的宁波发展起来。

3. 闽粤说

"闽粤说"见于杜亚泉《博史》。书中云:

> 相传谓马将牌先流行于闽粤濒海各地及海舶间,清光绪初年,由宁波江厦延及津沪商埠。①

就此段内容来看,似乎麻将先是发源于闽粤,再传播到宁波的。但是其后又说:

> 五口通商以后,海舶多聚于宁波江厦,各省贾客,流寓宁波,繁盛过于上海,演习马将者遂日众。此时已改制骨牌……逐渐流行,由津沪波及全国。盖已五十余年于兹矣。②

可见麻将诞生于道光以后,在宁波才改制成骨牌。"闽粤说"有一定的合理性。正如上文所说,麻将牌受到太平军影响,而闽粤正是太平军早期活动之地,博戏受其影响也未可知。但《博史》也承认宁波在麻将传播中的起源地位,即麻将走向全国,是由宁波开始的。《博史》出版于 1933 年,年代靠后,可靠性不如清末民初文献。闽粤博戏对麻将的影响,应和马吊牌一样,是其源流之一,但麻将产生于闽粤却无一手资料的支撑。

综上所述,麻将定型之地和传向全国乃至世界各地之源头,应是浙江宁波。

---

① 杜亚泉:《博史》,开明书店 1933 年版。
② 杜亚泉:《博史》,开明书店 1933 年版。

（四）麻将的发明者

关于麻将的发明者，在清末并无记载。如前文所言，麻将实际是一种结合了古代博戏诸多玩法并有所创新的新型博戏，其诞生绝非一朝一夕之事。麻将最终的诞生，也并非一人之力。在民国时期的报刊中，多有对麻将发明者的探讨，如《麻将推原考》认为麻将是由一对宁波兄弟改良的①，《麻雀牌的发明者》认为是由宁波船户发明的②，尽管这些结论非常模糊，但综合来看，麻将是由宁波渔民这一群体发明的。

在众多传说中，有一种说法将麻将发明者的殊荣授予真实存在的历史人物：宁波士绅陈鱼门。在 1925 年的《红玫瑰》杂志上，作家陈霭麓刊登了一篇名为《麻雀牌考补》的文章，明确提出麻将是由宁波陈鱼门发明的观点：

> 咸道中，蛟川陈鱼门为鱼行先生，尝附一舟出视渔区。鱼门固好博如命，精于马将（即马吊）。在舟中日以纸牌消遣，然恒旧制之麻烦，于是因其例改诸将为"筒""索""万"三色，色九号，号四张，凡百零八张，复增"东""南""西""北""中""发""白"七色，色四张，共凡廿八张，合计之得百三十六张，后复益以"春""夏""秋""冬"四季花各一张，共凡四张……后鱼门亦舟中每多海风，纸牌质轻，易于飞扬，不能在露天斗之，于是改为竹制。鱼门去今不远，吾甬人之熟于掌故者类能道其轶事，私家笔记或亦及之。③

陈鱼门，因在太平天国运动时期帮助清军收复浙江，多部史料中都有其生平记载，如《两浙輶轩续录》《平浙纪略》《左文襄公奏疏》《同治朝东华续录》。陈鱼门的家族祖先从慈溪迁徙而来，父辈资产殷实，好行善事，多有捐款赈灾、疏浚河道之举。到陈鱼门时，依旧行善乡里，继承了世家大族的

① R. F. Foster：《麻将推原考》，亚珞译，《风土杂志》1944 年第 1 期。

② 永明：《麻雀牌的发明者》，《时事新闻》1948 年第 6 期。

③ 陈霭麓：《麻雀牌考补》，《红玫瑰》1925 年第 50 期。

慈善家风。他被称为"甬上闻人",出面办了很多有益于地方的慈善事业,如集资从外国人手中赎回新江桥,改为义桥,并在桥上添设煤油路灯。太平天国运动期间,陈鱼门执掌善后局,负责筹措浙江全省的军饷,上下周旋,雍容酬答,得到了左宗棠的赏识。陈鱼门后至上海经商,成为宁波商帮人士,常以搓麻将作为交际手段,与当时的上海道台及工商界名人进行业务联络。

　　陈鱼门一生最大的政绩在于协助清军对抗太平军,同时又是一方乡贤,与宁波学者交流密切。而麻将起源的背景与其生平经历也有颇多吻合。其一,陈鱼门是宁波人,地点上是符合的,其生于嘉庆二十二年(1817),卒于光绪四年(1878),其生活年代距麻将首次见诸文献的年代(1888)不远,考虑到麻将的传播延迟,时间上是吻合的。其二,如前文所述,麻将的诞生与太平军颇有渊源,而陈鱼门与太平军中的降将也颇有联系,在克复宁波时,陈鱼门就曾与太平军的叛将范维邦有往来。其三,陈鱼门在躲避太平军期间寓居江北,与外国人联系密切,如英国驻宁波领事夏福礼。据文献记载,当时陈鱼门与英国驻宁波领事夏福礼有公务来往,私下里是十分亲密的麻将朋友,二人经常在宁波老外滩一带搓麻将。夏福礼在日记中写道:"在中国,流行一种叫麻雀的游戏……而且已成为官商阶级联络感情、业务的媒介。"当时,夏福礼把陈鱼门改造麻将的经过都详细记录在册。后来,这个本子被日本麻将博物馆收藏。[①] 因夏福礼地位显赫,陈鱼门发明的麻将迅速成为宁波上流社会和商界的热门娱乐活动,并普及民间。尽管19世纪的史料没有直接记载陈鱼门发明麻将之事,但其所载内容与民间所言陈鱼门发明、改良麻将的背景和时间皆吻合。

　　"小赌怡情,大赌伤身",一些宁波商贾因沉溺搓麻将,事业荒废,甚至倾家荡产,陈鱼门的这一娱乐发明,也被一些宁波人视为危害社会的危险物品。宁波民间还将陈鱼门称为"屙老爷"(贬义词,有"混账老爷"的意思),宁波有俗话流传——"屙老爷,造麻将"。这也是对陈鱼门作为麻将发明人的另一佐证。

---

　　① 　清秋:《麻将发源地》,http://yz.cnnb.com.cn/system/2020/06/30/030166580.shtml。

二、宁波近代麻将的诞生

　　宁波近代麻将是陈鱼门根据马吊的基本花色和牌九的基本形式及宁波海商文化、钱庄业文化背景新创的一种骨牌博弈方式。

　　从唐朝起,宁波就作为中国著名的"海上丝绸之路"始发港之一,开展对外贸易与文化交流,在宋元时期,宁波甚至已经开辟到日本的日常航线,双方贸易往来频繁。沙船是轮船兴起前的主要海上交通工具。在地理上,宁波处于南北港口的交汇处。宁波以北,海岸线多平坦滩涂,沙船多平底;宁波以南,海岸线多暗礁,沙船船底为尖形。为此,南北沙船船队常常在宁波进行易货运输。清代宁波商帮的镇海小港李也亭家族创办"久大沙"船号、慈溪董棣林家族创办"大生沙"船号,皆沙船巨头,他们都是在沙船业赚了大钱再去开钱庄的。实力较雄厚的宁波商帮大钱庄,大多与从事海上运输的沙船有资金往来。沙船在出海时经常向钱庄借入大宗款项,在宁波购进货物前往南方或北方销售,因此,宁波航运业与钱庄业关系密切。进而言之,宁波发达的海上贸易与钱庄业(钱业)共同造就了宁波近代麻将文化。

（一）宁波近代麻将与钱业文化的渊源

1. 麻将属于钱业文化

宁波自道光二十二年（1842）成为五个通商口岸之一后，因水陆交通便捷，商贾云集，又邻近舟山渔场，成为渔货转运要地，钱业也应运而兴。据资料介绍，宁波钱业是江南最早的金融业之一，始于明，盛于清。太平天国侵占宁波时，就有钱庄多家；太平军退出宁波后，因战乱，宁波百业萧条，钱业一度不振。光绪二年（1876），宁波地方官陈鱼门筹措债务筹码，重整旗鼓发展贸易，钱业趁此机遇，提高存储利率，存款骤增，重新兴盛起来。于是，各行各业扩大经营，钱庄贷款成为市场繁荣强有力的后盾。

麻将属于钱业文化，并不是说麻将可以用来赌钱，而是说麻将本身就是"钱的游戏"。如，"筒""索""万"分别由马吊的"文钱""索子""万贯"演变而成。"筒"的图案象征铜钱；"索"的图案象征穿钱的索子，代表一贯钱；"万"则是钱财"万贯"的简称。财神、元宝等花色更与钱币、银两直接相关。"钱"（筒、索、万）不够用了，就得借，而借钱需要写借据，找中人担保，由银库发出，所以"白板"象征一张空白借据，寓意宁波钱庄"大信不约"（即真正讲信义，不订约盟誓）的行业规矩；"红中"象征中人，"绿发"象征发出银两，换成现代说法，就是凭证、担保、兑付，这是典型的钱业文化。另外，"中"还有中和、中正等含义，"发"有发达、兴旺的含义，"白"则有清白、纯洁的含义，体现了浙东学派诚信为本、义中求利的思想。麻将用竹骨材料制作，寓意讲诚信、有骨气。这种"君子爱财，取之有道"思想体现了宁波商帮作为儒商的优良传统，打牌赌博时出现的作弊行为"出千"，实在是对麻将文化的亵渎。东、西、南、北除了表示方位外还有可能是指代宁波钱庄在全国各地的分号。搓麻将的过程其实是一个金融资产不断重组的过程，因为麻将牌的每一次推倒重来，都会形成新的资产积累。在麻将桌上，麻将牌的价值是不断变化的，留牌、弃牌随时可以转换，并且发挥着不同的作用。弃牌是为了更好地留牌,麻将牌的每一次更换都是追求最终的"和"牌。放走手中旧牌,谋取带来希望的新牌,实际上就是通过资产重组去获得最大的利润。麻将的玩法与钱庄经营之道如出一辙。钱庄业是"百业之母",与各业联系紧密。陈鱼门新创了杠、吃和用骰子定位的方法,其中,"杠"可能是码头工人扛漕粮等货物的含义,"吃"有可能是吃了别人的牌就有钱吃饭的意思,"和"牌的意思是和为贵。用"台"来计番象征钱庄的柜台数量与财富数量有关;"番"是银子番饼(即当时宁波普遍流通的外国银圆的简称);搓麻将使用筹码代替现金,类似宁波钱庄独创的"过账制度"(即非现金的金融结算制度)。

"铜钱眼里翻筋斗"麻将牌

2. 麻将牌里蕴含"宁波帮"合作经营理念

"宁波帮"形成于明朝万历至天启年间,鼎盛于五口通商之后,是历史上著名的商帮。在 20 世纪中叶,"宁波帮"的重心逐渐移向境外。现有宁波籍境外人士分布在世界 60 余个国家和地区,其中有不少是工商巨头、科技名人、社团首领和社会名流。宁波人头脑灵活,智慧且勤劳,诚信是他们的为商原则与为人准则。大略梳理"宁波帮"的代表人物,比如:已故的"世界船王"、环球航运集团主席包玉刚,影视界巨头香港邵氏兄弟有限公司总裁邵逸夫,美国特拉华州前副州长吴仙标,美国全美中华总商会永远总顾问应行久,美国华人作家於梨华,日本孙氏集团有限公司董事长孙忠利,新加坡宁波同乡会会长水铭漳……这只是"宁波帮"中走在人群前的人物,还有太多的"宁波帮"人士一生都与现实的名利场保持着一定的距离,但这并不代表他们没有作为。"宁波帮"的杰出表现像磁石一样时刻吸引着外人的眼光,也使很多人情愿耗费一生的精力来研究宁波与宁波人,在宁波大学人文与传媒学院,就专门设有"宁波帮研究所"。由于"宁波帮"具有雄厚的经济实力与较高的社会地位,所以,每当国家遇到大事需要社会力量支持时,他们都积极响应。比如,早在1905年,旅日爱国侨胞吴锦堂先生就回国办学和兴修水利,出资30余万银圆在家乡慈溪创办"锦堂学校",兴建杜湖、白洋湖两个水库。在抗美援朝时期,王宽诚先生率先捐献一架飞机和其他物资,并认购公债,支援抗美援朝。在邓小平发出"把全世界的'宁波帮'都动员起来建设宁波"的号召后,海内外"宁波帮"人士更是积极捐款赠物,兴办文教卫生、公益福利事业。宁波市第一所综合性大学——宁波大学,就是在他们的资助下创办的。"宁波帮"也正是因为有这种积极参与社会建设的欲望和能力,才逐渐成为一个值得学习和研究的典范。

　　"宁波帮"无论是经商还是创办钱庄,都非常注重团结协作,主张和而不同。这就好比四个人打麻将,三缺一不行,一缺三更不行,大家需要形成一个精诚合作的局面,自觉遵守游戏规则。"宁波帮"的那些商业巨头在团结协作的基础上做大做强,甚少出局。在中国首家麻将博物馆麻将起源地陈列馆的大厅内,写着"德和堂"三个字,寓意"有德能和",博物馆内还有一副"三缺一"的雕塑:上位坐着长袍马褂的陈鱼门,摸到一把"清一色"好牌,喜悦之情溢于言表;左边一位日本浪人,眉头紧锁,似乎为自己的失算而懊恼;另外一位是英国驻宁波领事夏福礼,他颇为不快地看着自己手中的牌,但仍保持良好的风度。这一群雕充分显示了麻将的游戏精髓:麻将是一种享受过程的游戏,要有耐性,要善于把握全局,做到看上家、卡下家、盯对家,才能成功和牌。宁波老话称"三缺一,勿来伤阴节(骘)",就是强调打麻将时注重团队合作、讲求信用。

（二）宁波近代麻将与海商文化的渊源

宁波江北岸的航运码头是漕运码头，由于码头经常装卸、运送大批漕粮，因此吸引了许多麻雀来码头觅食，叽叽喳喳的雀声在码头回荡，一派热闹祥和的景象，吃完码头上散落的稻谷，成群的麻雀飞到天后宫栖息。这一现象为住在宁波江北岸附近的陈鱼门所熟悉，成为他后来创制近代麻将的灵感来源。此外，航海业深受风向的影响，陈鱼门在麻将中增设风牌也是受航海业启发，而宁波民间关于麻将若干术语的起源性解释大部分都是航海中的道理。如：索子（条子）牌源于船上的缆索和渔网；筒子（饼子）牌源于船上盛粮盛水的桶；万字牌源于船家对财富的渴望（家财万贯）；碰，两船碰头曰碰；停，宁波话读 tīng，船舶靠岸曰停，意即自己的牌局组合停当；嵌，宁波话读 kàn，嵌档即 3 张牌组合中间的 1 张；放铳，宁波传统习俗中放铳、放炮仗是庆典时的重要礼仪，搓麻将时放铳是打出牌让别人成和，有成人之美、值得庆贺的意思；竹骨牌取名"麻雀"（音麻将）有吉祥寓意。因麻雀多在海岸附近活动，船员如看到麻雀落船，说明行将到岸，结束大海中的危险航行，内心不禁欢喜雀跃，故对麻雀喜爱有加。这与麻将发明的"太仓说"把麻雀看成偷吃粮食的害鸟加以屠戮截然不同。

关于近代麻将与海商文化的关联，民间还有一些很有意思的说法。比如，玩家在等着别人打出一张自己需要的牌后就可以和了，这个节点叫"听"（一些地方念第四声）或"听张"（在宁波话中也是听的意思）。为什么呢？因为麻雀是飞不远的，如果在船上听到麻雀叫，说明船快要到达目的港口了，或者回到出发港了——胜利在望。搓麻将时的噼噼啪啪声如同麻雀群发出的叽叽喳喳声，有声有色，引人入胜。又比如，自己的牌里有了一对，别人又打了一张相同的牌，那就可以去"碰"，这个碰就意味着船舶靠岸了。

（三）宁波近代麻将的诞生与改造马吊有关

1.宁波近代麻将是中国传统游戏的智慧结晶

要讲述麻将的历史,就需要从中国最古老的游戏博戏开始。根据《史记》和其他有关文字的记载,古代博戏的产生至少在殷纣王之前。我国最早的博戏叫"六博",有 6 支箸和 12 枚棋子,箸是一种长条形的竹制品,相当于今天打麻将时所用的骰子。据《颜氏家训·杂艺》载,博戏又分大博、小博,大博的行棋之法已不可考,小博的玩法在《古博经》里有比较详细的记载。其方法是:2 人对坐,棋盘为 12 道,两头当中为水。把长方形的黑白各 6 枚棋子放在棋盘上。又用鱼 2 枚,置于水中。比赛双方轮流掷琼(即骰子),根据掷琼的大小决定棋子前进的步数。棋子到达终点,将棋子竖起来,成为骁棋(或称枭棋)。成为骁的棋,便可入水"牵鱼"获筹。获六筹为胜。未成骁的棋,就称为散棋。骁棋可以攻击对方的棋子,也可以放弃行走的机会而不动。

汉魏以后,博戏发生了根本性的变化。博戏中的棋子脱离琼而独立行棋,向象棋方向发展,成为一种游戏。而博戏的琼变为五木,即五个木制的骰子,也独立成为一种博戏用具,称为樗蒲,以掷点分胜负。相传当时为曹植所造的骰子是用玉制成的,后改用骨制,变五木为两骰,立方体,其六面刻点,点数从一到六,所以当时又叫"双六"。

到了唐代,骰子成为一种独立的博具,并且由两个骰子变为六个骰子。据《西墅记》记载,唐明皇与杨贵妃掷骰子戏娱,唐明皇的战况不佳,只有让六个骰子中的两个骰子同时出现"四"才能转败为胜。于是唐明皇一面举骰投掷,一面连呼"重四"。骰子停定,正好重四。唐明皇大悦,命令高力士将骰子的四点涂为红色。因此直到今天,骰子的幺、四两面为红色,其余四面都是黑色。

自唐代之后,用六个骰子合成各种名目以决胜负的戏娱方法,在当时被称为骰子格。在骰子格的基础上演变而成的最完善的娱乐用具是宋徽宗宣和年间产生的骨牌,又叫宣和牌,即现在一些地区仍流行的牌九、牛牌、天九牌。骨牌用象牙或象骨制成,变骰子的立方体为长方体,变骰子的六面镂点为一面镂点。骨牌有21种花色,每色都是由2个骰子的点数组合而成,因此骨牌中最大为12点,最小为2点。

唐代中期,一种叫"叶子戏"的游戏与骰子格同时出现。关于叶子戏的由来,说法不一。唐代苏鹗《同昌公主传》载:"韦氏诸宗,好为叶子戏。"这是最早的有关叶子戏的文字记载。其实,当时所称的叶子戏,并非一种成形的游戏,只不过是玩骰子格时记录输赢数值的纸片。这可从欧阳修《归田录》中得到证明:"唐人藏书,皆作卷轴,其后有叶子,如今之手折,凡文字有备检查者以叶子写之。骰子格本备检用,故亦以叶子写之,因以为名尔。"文中所谈的叶子,就是纸片。后来,人们就把叶子戏看成麻将的鼻祖。

2. 宁波近代麻将与马吊的渊源

顾炎武在《日知录》中说:"万历之末,太平无事,士大夫无所用心,间有相从赌博者,至天启中,始行马吊之戏。"到明代天启年间,本来作为游戏的附属品筹码,经过逐渐演变,成为一种新的娱乐用具,即马吊牌。

马吊流行于明末清初。清初宁波文人李邺嗣有《马吊说》一文,记载马吊在明末清初流行之情况,并与南明马士英、阮大铖误国相比附,痛斥其为亡国之兆。文中说:"马吊戏者,起于天启时。以四人相角,用俗所斗纸牌宋江四十叶,而以法行之。其纵横取舍之间,形格势禁,各有深意,于论罚更严。吴中士大夫嗜此戏者至忘寝食,渐行于京师。"[①]

大约到了清末,纸牌增加了东、南、西、北四色风牌,每色四张。那时人们最常用的桌子是方桌,又叫八仙桌。八仙桌的名称是从就餐时可以坐八个人得来的。由于打牌时总是面向一方,这就要求一个方向不能两人同坐,逐渐形成了四人玩牌的习俗,四人各坐一方。人们还从四方中得

---

① 李邺嗣:《杲堂诗文集》,张道勤校点,浙江古籍出版社1988年版,第507页。

到启发,在纸牌中增加了东、南、西、北风。至于三元牌中、发、白的增加,可能是缘于人们对升官发财的向往。中就是中举,中解元、中会元、中状元,称为中三元。发即发财,中了举,做了官,自然也就发财了。白板可能是清白之意。后来,人们发现在搓麻将时常常把牌拿完了,也没有人做成牌,这难免让玩家感到扫兴。为弥补这个缺憾,又增加了听用。最初的听用只增加两张,在发展中增加了更多张,直到发展为有绘画的麻将牌。

太平天国运动期间,因京杭大运河阻断,江南漕运受阻,朝廷为此开辟海上漕运路线。作为鸦片战争后五口通商的口岸城市之一,宁波的航运业由此达到鼎盛,形成强大的沙船商帮,有数万船工常年穿梭于海上,马吊成为他们的重要娱乐工具。马吊纸牌娱乐性强,却有严重缺陷。首先,当时流行的碰和马吊牌,牌数有 120 张,一把纸牌拿在手里十分不便,容易磨损。其次,纸牌的玩家多为宁波在外的渔民和海上船工,他们借以排解长途航行寂寞,但海上风大,纸牌容易被吹落,也容易受潮。马吊纸牌使用之不便,引起“甬上闻人”陈鱼门的注意,这位著名的宁波本土玩家开始改造马吊牌。

陈鱼门寓居宁波市江北岸同兴街,同兴街临近甬江,江面上每天船来船往,给他带来灵感。他首先想到的是一副类似骰子的马吊牌,便用牛骨刻制面文,再镶嵌在竹牌上,称之为骨牌或竹骨牌。用骨牌替代纸牌后,继承碰和牌中的万、索、筒,共 108 张,易红花为绿发,白花为白板,老千为红中,名“三箭”,各 4 张,共 12 张。为避免一索与二索形状上类似,改一索为麻雀图案,并用麻将(即麻雀的宁波方言)来命名骨牌。为增加趣味性,他又增加东、南、西、北风,各 4 张,共 16 张,由此形成了当时流行的136 张一副的近代麻将。后又增添花牌“春、夏、秋、冬、梅、兰、竹、菊”(或“春、夏、秋、冬、财神、元宝、猫、老鼠”),各 1 张,共 8 张,最终形成 144 张一副的麻将。陈鱼门将“清一色”“混一色”和“对对和”设成“番”,以此计算麻将和牌的大小,还新创了“杠”“吃”和用骰子定位的方法。可以说,从马吊到麻将,已经发生巨大变革。首先,牌数增加,马吊只有 40 张牌,碰和马吊是 120 张牌,而近代麻将有 136 张牌,后来又加上 8 张花牌,总数达到 144 张牌。其次,马吊的游戏方法是以大吃小,而麻将的游戏方法主要是"凑牌",即牌面组合。最后,马吊是纸牌,而近代麻将是竹骨牌,搓麻将玩的是"桌上长城"。

整合、改造后的麻将,打法由繁到简,一经问世,便盛行大江南北。20世纪初期,在北京、天津等许多城市,玩麻将竟然成为一种时尚。1908年8月6日的《大公报》曾报道:"廿世纪之新中国,新机勃兴,南风北竞,首先传遍于所谓上等社会者,厥维麻雀牌,每见嗜之者,濡首其中,忘餐废寝……且嗜之者,非维新学子,即政界阔官。"具体到天津等地,在众多博弈游戏中,麻将大有后来居上之势。对于麻将爱好者来说,"雀牌,不但趋时,而且可以联络朋友"。

名画《八仙打麻将》[①]

《八仙打麻将》是民国著名广告画家丁云先的代表作之一。比较有深意的是画面右上角署名"楚州雪湄"题写的一首七言诗:"雀战年来最盛行,众仙亦好戏方城。纯阳独擅神通手,遂把中华一统成。"

参与搓麻将的仙人按东南西北的顺序分别为汉钟离、铁拐李、曹国舅和吕洞宾。张果老、蓝采和在汉钟离身后观战,韩湘子在吕洞宾身

民国广告画《八仙打麻将》

---

① 《民国广告画名家作品欣赏之四——丁云先的八仙打麻将》,http://blog.sina.com.cn/s/blog_7053154a0102vpsz.html。

后观战,何仙姑在曹国舅身后观战。还有一个送茶的仙童和两只白鹤。

和牌者为吕洞宾,他兴奋地站立起来,显得十分激动,韩湘子在他身后也面露喜色。把牌面放大来看非常有意思:吕洞宾的牌单吊一筒赢,而他抓到的牌正是最后一个一筒。更巧的是,这张牌四个人全都和牌。铁拐李两个一筒和一筒一条,汉钟离没有一筒和"一、四、七"筒、"二、五、八"筒带"三、六"筒,曹国舅一个一筒和"一、四、七"筒带二筒。只有吕洞宾听牌最少而绝张自摸,所以才被称赞为"纯阳独擅神通手"。

麻将中的梅、兰、竹、菊四张牌被设计成"中华一统"四个字,又刚好被吕洞宾一个人摸到,最后摸到一筒和牌,显示出画家的政治倾向。如果此画发行时间在1929年前后,似乎是在歌颂国民革命军取得北伐战争胜利并暂时统一全中国的功绩。

三、宁波近代麻将的文化内蕴

　　文化因素制约着人们的思想甚至想象力,每一个人的想象力由其生活的时代所激发,而每个时代都有自己的知识代码,因此,人类文化的最终确定,在于通过知识考古学来确定人生存于其中的时间与空间。[①] 宁波近代麻将不仅具有独特的娱乐游戏特点,而且具有集益智性、趣味性、博弈性、社交性于一体的魅力及内涵丰富、底蕴深厚的东方文化特征,宁波近代麻将自诞生至今,无论是形式还是内容都没有发生大的改变,成为中国传统文化宝库中的一颗明珠。2017 年,麻将被国际智力运动联盟宣布为第 6 个世界智力运动项目,其余的 5 个项目分别是桥牌、国际象棋、围棋、象棋和国际跳棋。

(一)麻将牌里蕴含儒家中和哲学

　　"中和"是儒学中庸思想的核心部分,强调个人的修养。所谓"己所不欲,勿施于人",一个人的所有品质,都可以从入局者的水平、心态和气势

---

　　① 转引自邹广文:《当代文化哲学》,人民出版社 2007 年版,第 32—33 页。

中反映出来。只有在麻将牌局中表现出高于常人的气度和心胸,才可以在玩牌的过程中以平和心态享受"和为贵"的快乐。"和"是自然社会不同事物的矛盾统一。第一,"和"是宇宙自然、社会人生发生的规律,是存在的常态,是功能的佳境。《庄子·天道》称"与人和者,谓之人乐;与天和者,谓之天乐",天和、人和,即顺应自然,而不要人为干扰甚至破坏自然,这是万物之美所以产生的哲学根据。第二,"和"是创作主体的生理机能、行为态度以及精神境界的最佳状态和理想规范。审美主体的生理及心理和谐,是其审美创造能力正常发挥乃至超常发挥的内在基础。第三,"和"是作品创造的雅正和平、含蕴深厚的艺术境界,这一审美特征备受传统诗论家的推崇。第四,"和"是艺术辩证法的适宜度量和最佳境界。第五,"和"作为中国古代文学观念中的一个基本范畴,其意蕴中还包括文学作品调节社会矛盾、改善人与人之间关系的政治教化功能,以及调节与平衡身心健康的作用。

搓麻将包含辩证法,麻将牌里有哲学:缺少的才是最好的;别人的废牌也许就是你的好牌;先赢是小赢,后赢是大赢;看到别人和,千万别动怒,别人气,你不气,心平气和就是牌技;想做长远,别出老千。

麻将如同人生,有舍才有得。中国地域辽阔、人口众多,各个地区搓麻将的方式不太一样。虽然整体上都是碰、吃、杠、点炮、自摸、和牌这些套路,但在规则上,各个地区都有其独特的风格,甚至每个县、每个乡的玩法都不一样,村与村之间也会有差异。麻将的玩法,虽有港、台、闽、粤、京、沪、川等各种流派,层出不穷,但万变不离其宗,麻将的基本目标都是通过一系列置换和取舍原则,四家斗快摆出特定组合的牌型,并阻止对手达成相同目的。麻将虽然是游戏,但牌局也相当于人的格局,在牌张中争取自己的最大利益,相当于在人生艰难困苦的时候,选择一条最适合自己的道路。

麻将虽然讲输赢,但不可执着,因为"久打无输赢"。麻将如围棋一样,排列牌张就如在排列人生,一局局博杀体现出人生的多姿。如果太看重成败得失,则会抹杀操控自己命运的快感,失掉了打麻将的乐趣。古人对参加搓麻将的牌手曾有人品方面修身养性的要求:"入局斗牌,必先炼品。品宜镇静,得牌勿骄,失牌勿吝。顺时勿喜,逆时勿愁。不形于色,不动乎声。浑涵宽大,品格为高。尔雅温文,斯为上乘。得失恒常,维行中道。"无论以什么心态加入牌局,多玩几局,细加品味,最终都会发现:麻将深处意气平。

在麻将桌上,人人平等。传统的中国社会是一个等级秩序极其森严的宗法社会,君臣父子,长幼有序,尊卑有别。传统的封建观念严重地束缚了中国人的身心自由,而在玩麻将这一智力游戏的过程中,人们能找到一点小小的心理平衡。在麻将游戏中,一人智斗三家,条件相同,机会均等,每个人都可以在麻将游戏规则允许的范围之内,通过自己的感觉、记忆和思维等心理战术,融贯到技巧之中,去战胜其他各方。在平等的基础上运用大脑机能进行斗智的较量是很刺激的,具有无穷的魅力。

(二)麻将牌里蕴含道家的自然观、生态观

1. 麻将牌里包含中国古代朴素的宇宙观

在古代中国人看来,世界万物由金、木、水、火、土5种元素构成,这5类物质在天地之间形成串联。他们还认为,掌管天上众星的是"三十六天罡""七十二地煞"共108位神。据文化学者的研究,麻将中的108张序数牌,就是来源于这种思想。此外,人们又根据方位设计出东、南、西、北4张牌,并依据宇宙衍生"天、地、人"三界的说法,创制了代表"天、地、人"的"中、发、白"3张牌。东、南、西、北、中和天(发)、地(白板),共同构成了一个真正的天圆,这正是古人心目中宇宙的形态。后来,人们又依照一年有四季创制出"春、夏、秋、冬"4张牌。由于"梅、兰、竹、菊"分别占尽春、夏、秋、冬,遂又衍生出"梅、兰、竹、菊"4张花牌。最后,人们根据五行相生相克、四季轮转交替等思想,确定了麻将的游戏规则。

麻将的数字也暗含玄机。在中国古代思想中,3为基数,9为极数,所以万、饼、条分别有9张。除了5、3、9外,12在古代文化中也有重要的地

位,如 12 生肖、12 时辰、12 个月……这种思想在麻将中也得到了充分的体现,144 是 12 的平方,108 也是 12 的倍数。另外,在麻将规则中,规定每人抓 13 张牌,而 13 乘以 4 等于 52,这正暗合了一年有 52 周的规律。打麻将用四方桌,既对应了东、南、西、北 4 个方位,也对应指春、夏、秋、冬 4 个季节。

2. 麻将牌的图案设计暗含天人和谐的诉求

从麻将牌的牌面图案设计来看,每一张牌的图案都寓意深刻,暗含了中国传统文化中的某一种诉求。筒子代表铜钱,万字代表万贯铜钱,索子代表稻束("索"与"束"不仅在宁波话中读音相近,而且早期索子的形状是类似稻谷的两头尖的椭圆形),麻雀代表"送谷神",有钱有粮就能过上幸福美满的生活,这是每一个普通老百姓的精神追求。此外,8 张花牌中,"春、夏、秋、冬"代表四季轮回,"梅、兰、竹、菊"代表君子之风。"梅"表示高洁傲岸,"兰"代表幽雅空灵,"竹"象征虚心有节,"菊"则暗示冷艳清贞。"中、发、白"3 张牌寓意"中正、发达、纯洁"。红中代表儒家"致中和"理念,绿发代表兵家"后发制人"谋略,白板则代表道家"无为而治"思想。还有一类麻将花牌中有财神、元宝、猫和老鼠,提倡的是人文生态与自然生态相结合的东方生态智慧。财神掌管元宝这种财富是一种人文理念,猫捉老鼠则是自然法则,但两者又是相通的。猫在民间有招财的寓意,常有"招财猫"的称谓。老鼠在民间有"财宝鼠"之称,象征转运发财。麻将花牌中出现猫与老鼠两种相生相克的动物,象征人类只要尊重生态规律,让猫担负起捕捉老鼠的职责,就会财食受用不尽。麻将图案表现了人们对时间秩序和生命意义的感悟,对道法自然的顺应,也是对某种审美人格境界的向往,成为中国人感物喻志的象征。因此,与其说这些麻将牌图案是源于设计者的聪明才智,不如说这就是中国人特有的道德美学思想的自然流露和表达。这种道德美学思想把道德内容与艺术形式联系起来思考,追求天人和谐、社会公平及人心平和,体现了一种非常独特的东方智慧。

3.麻将文化体现了东方养生智慧

麻将,作为群众最喜闻乐见的一种休闲方式,一直在家庭娱乐中担当着重要的角色。对于年长者而言,由于体力、脑力皆在逐渐衰退之中,疾病增多,不免有日薄西山之叹,孤独忧郁之感。虽有养花钓鱼可修身养性,打拳散步可舒筋壮骨,然于心志之磨砺、脑力之保持、人际之交流,作用欠佳。搓麻将娱乐既斗智又斗勇,益处颇多(民间流传搓麻将有十大好处:强身健体;消磨时光;缓解精神压力;见证繁荣;开发智力;创收;检验心理素质;创造就业机会;普及文化;广交朋友),对老年孤独症和多种慢性疾病,皆有缓解作用。

28 省万人研究揭示,"搓麻将""社交活动"缓解中老年人抑郁①

近年来,抑郁在发达国家和发展中国家备受关注。据悉,全球约3.5 亿人存在抑郁,占全因死亡率的 12.7%。而且,其他一些疾病也随着抑郁发生而出现,如 2 型糖尿病、心血管疾病和自杀,这会给家庭和社会带来更大的负担。据 WHO 统计,抑郁的发生在一个人的中老年时期达到高峰。

当下,中国作为发展中国家,正经历着快速的人口老龄化。据估计,到 2050 年,中国将有 4 亿超过 65 岁的老年人。虽然传统干预手段——如认知行为疗法和药物——对抑郁人群效果较好,但对于低中收入国家来说,缺乏充分专业的治疗资源。

而寻找高效简单的治疗手段势在必行。

近年来,参加社交活动以其所具有的低廉、接受性好、促进心理健康等优势被广泛认可。既往研究显示,参与者在社交中的互动可能减少社会孤独感,提高社会归属感,因此可能会改善心理健康,并缓解抑郁。

然而,参加社交活动种类繁多,不同的文化背景下,参加社会活

---

① DeepTech 深科技:《28 省万人研究揭示,"搓麻将""社交活动"缓解中老年人抑郁》,https://ishare.ifeng.com/c/s/7qPP3JO9xDI。

动的种类和作用有所不同。比如,既往研究显示,中国中老年人较少参加有绘画或音乐的业余俱乐部,而麻将,则是中国人和其他亚洲人的众多爱好之一。

此外,中国农村地区和城市地区差异较大,农村地区的中老年人受教育程度普遍较低,收入较少,社区基础设施较少,获得政府资助的公共资源和保健服务也较少。所以,社交对心理健康的影响可能在城乡差异颇大。

为了研究发展中国家中老年人社交和心理健康的关系,以及是否存在城乡差异。华中科技大学和佐治亚大学的研究人员在 2011 年开展了一项研究,他们调查了中国 28 个省共 450 个农村和 150 个城市,选取了年龄超过 45 周岁以上共 10988 人的资料进行分析,这些资料包括评估其抑郁症状,以及询问是否参加不同类型的社交活动(如拜访朋友;打麻将,象棋,扑克;参加体育或社会俱乐部;参加社区组织;从事志愿或慈善工作;免费为亲戚、朋友或邻居提供帮助;上网),并收集他们的参加频率。

统计结果后发现,整体来看,中老年人参加社交活动类型越多,频率越高,其抑郁症状就越少。这和其他研究结果类似。其中定期拜访朋友、定期打麻将以及参加体育活动或社会俱乐部可减轻抑郁症状。

但是令研究人员惊讶的是,这种关系在城乡居民间差异巨大。与城市居民相比,农村居民有着更高的抑郁风险,社交活动也较少。打麻将、参加体育活动或参加社会俱乐部仅能减少城市居民的抑郁症状,而定期拜访朋友仅与缓解乡村居民的抑郁症状有关。

研究人员表示,传统上,中国农村居民有着密切的社区关系,在农村中往往有着大家族,我们以为在农村中会有紧密联系的社区关系,但是我们的想法可能错了。

研究人员认为,目前中国农村的社会结构可能已经被打乱了,由于许多身体健全的成年人搬到城市去找工作,虽然家庭关系很牢固,但是削弱了农村地区的社区联系。因此,关注农村中老年人抑郁症状,且增加社区俱乐部等基础设施建设显得尤为重要。

而本研究也是首次发现打麻将与居民抑郁减轻有关。既往研究显示,打麻将可能帮助人们获得更多的社会支持,因此可能会减轻抑郁症状。在中国城市地区,人们会选择和亲人、朋友打麻将来消遣时间,特别是在退休以后。

不过,本文的作者之一、佐治亚大学公共卫生学院健康政策与管理副教授 Adam Chen 表示,有一种假设是,在中国的农村地区,打麻将大多是竞争性的,有时也会成为赌博的一种方式,在打麻将这种社交活动中,他们会有赢钱的渴望和输钱的失落感。因此在农村地区,搓麻将对改善其抑郁等心理问题作用不大。

Adam Chen 表示,这个结果对华裔美国人同样适用。他说:"华裔美国老年人的自杀风险比白人和非裔美国人的自杀风险都高,改善华裔美国老年人的社交活动可能有助于缓解美国社会健康负担。"

(三)麻将牌里蕴含兵家思想

麻将作为一种实战性很强的娱乐工具,要求游戏者一定要有兵家的思想。在游戏中,如调张、疑牌不打、隔巡如生张等,都融入了兵家思想,至于在游戏中的猜牌估张等现象,均体现了游戏者的斗智斗勇。在麻将实战中,牌势只要进入中盘阶段,各家的手牌无时不在起变化,摸打一至二巡牌后,以前的熟张在这个时候可能已经成为生张了,以前认为是安全牌,现在很有可能成为危险牌,此时若舍出,不是被下家吃起,就是被其他两家成和,真是"隔巡如生张,旧安变新危"。所以牌桌上经常出现这样的场面,当一个人想打出手上的牌时,总是欲放还止。

通晓麻将技艺的人都知道,麻将的舍牌要根据牌面和牌桌上的变化来制定对策及战略战术,做到看上家、防下家、盯对家。看上家,也就是应看明白上家打出什么样的花色牌,吃起、碰起什么花色的牌。因为他所吃、所碰之牌,即是他手中需要的花色;打出的牌,也是你可以吃起、碰起的花色。这样,你可判断出你自己应保留什么样的花色,才有迅速吃、碰牌的机会。如果你手中的花色,也是上家想留存、没有舍出来的,自然你就没有办法靠吃碰牌来迅速组合手中牌阵了。防下家,与看上家相反,下家正想靠你手中打出的牌来判断自己手牌中的去留。若你会出的牌,多是下家正想吃起的,那他当然就会很快地吃成一副一副的牌摊开亮出,并且叫听。故在打牌时,尽量不使下家能吃上自己舍出去的牌,就成了十分重要的思考内容。盯对家,既看上家、防下家,也必须盯住对家,这样三家人需要什么花色的牌,甚至可能需要什么牌点也在你预料之中,知己知彼,方能百战百胜。对于自己,要做什么花色的牌,成什么样的和对自己有利,必须考虑周密,这样才能一举成功。而终盘阶段是大家短兵相接、交锋决斗定胜负的阶段,丝毫不能大意。一般进入终盘阶段有以下两种情况:一是四人中的两人或一人依然保持着听牌的状态,窥机食和。但因牌势的发展趋平,只好强行打牌,应酬战局。其他的各家均以防御为主,最后以少失分而收场。二是四人继续互相牵制,打出安全牌。事实上,其中一人或两人,早已放弃听牌,采取少失分的作战方案。凡是牌坛高手的对阵,这种局势并不少见,与初学者聚桌娱乐、推倒食和大不相同。设想,牌桌上有一或两名低手,欲使战局发展到终盘阶段,似乎是不可能的。

有人说"麻场如战场",一点也没错。"四四方方一座城,东南西北四个人",两两相对,却是各自为战,在打麻将的过程中,人们互相防范。上家打了什么牌,要清清楚楚地记着,留好手里的牌,等待机会吃、碰他的牌;而下家打了什么牌,更要揣摩仔细,防止给他吃、碰的机会。总之,目的是让自己的利益最大化,同时让别人捡不到便宜,但在某一方做极大的牌时,另三家又可暂时联合起来共同阻止其得逞。这些特点和古代的"合纵连横"等兵家思想不谋而合。

然而,运用上述方法并不一定保证能赢,这极为常见,即使你做到了不急不躁,但就是屡战屡败。除了在战略战术上的失误外,一个重要原因就是手气不好。这也说明了麻将中蕴藏的阴阳家思想。所谓手气,或曰运气,是阴阳家的重要学说,它看不到也摸不着,但凡是玩过麻将游戏的人无时无刻不感受到它的存在,让人不信也得信。

（四）麻将牌里蕴含"送谷神"崇拜

古人认为，麻雀衔来了稻种，催生了稻作文明，所以麻雀是"送谷神"和"雀仙"。在宁波民间传说中，7000 年前的河姆渡人就开始种植水稻了，正是麻雀衔来了谷种，使得人类种植水稻得以繁衍，因此在河姆渡人那里就有了鸟类崇拜，出现"双鸟羿日"的图腾。鸟类崇拜现象在浙东地区一直从远古传承到今天，麻雀在浙东民间被称作"送谷神"或"雀仙"。至今宁波余姚农村还保留一个传统民俗——在农历二月十九日做一顿米饭喂麻雀，称为"麻雀饭"。麻雀饭风俗，可能与古代河姆渡鸟图腾崇拜有关。麻雀，余姚又称"麻鸟""麻将"，每年农历二月十九日，俗传是麻雀送谷种到人间的日子。据当地老人世代相传，祭鸟时要口念《麻鸟经》："天有天王天将，地有人王人丁。天有门日月化万星，地有女娲伏羲传百姓。天在上，地在下，天地生万物，麻鸟降人间。送来福，送来禄，送来寿，送来喜。鸟神鸟神，急急如律令：'百无禁忌，叩头三千。'"祭毕便开锅取饭，把饭四散在田野上，引鸟争食。规定这天不许吓唬百鸟，更不能捕鸟打鸟。在野外祭鸟是提醒人们不忘雀仙带来的福祉，祈祷鸟神造福于民，保佑五谷丰登，国泰民安。因此，麻将牌里就用麻雀代表"一索"。另外，"索子"寓意一节节的稻草绳子，最初索子的形状是两头尖中间鼓，如同稻米，后来才演变成一节节的绳索状，索子牌寓意有了雀仙才有米饭吃。搓麻将时的"吃"指的是吃了上家的牌就有米吃；"杠"指漕运码头工人扛着漕粮；"听"或"听张"是指船员听到漕运码头上吃谷子的麻雀群发出叽叽喳喳的悦耳叫声时，知道船舶快要靠岸，胜利在望，寓意即将"和"牌。在宁波话里，"米"不仅代表稻米，而且往往代表钱，"有米"也是"有钱"的意思。一副麻将牌里有钱有粮，才符合民众的幸福愿望。麻雀也是吉祥鸟。船员在大海中航行充满危险，看到麻雀落船，说明离陆地不远，行将到岸，内心不禁欢喜雀跃，因此对麻雀（麻将）喜爱有加。

"杂交水稻之父"袁隆平院士，活到 91 岁高龄。他在晚年时虽然身体机能衰退，但记忆力特别了得，秘诀之一就是搓麻将。为预防阿尔兹海默症，睡前搓麻将是老人的重要娱乐活动，每晚有固定牌友陪着搓麻将，做一小时脑力锻炼。① 他对麻将还有着不同于常人的看法。他认为麻将里面有辩证法，也能使他的脑力得到锻炼。②

　　袁隆平可能不会想到，他十分喜爱的麻将，跟他毕生奋斗的水稻事业还有一定联系。民间传说认为，麻雀是"送谷神"，给先民送来了珍贵的稻种。袁隆平是当代的"送谷神"，他给亿万人民送来了杂交水稻，让人民吃饱饭，过上幸福生活，亿万人民将永远怀念他。

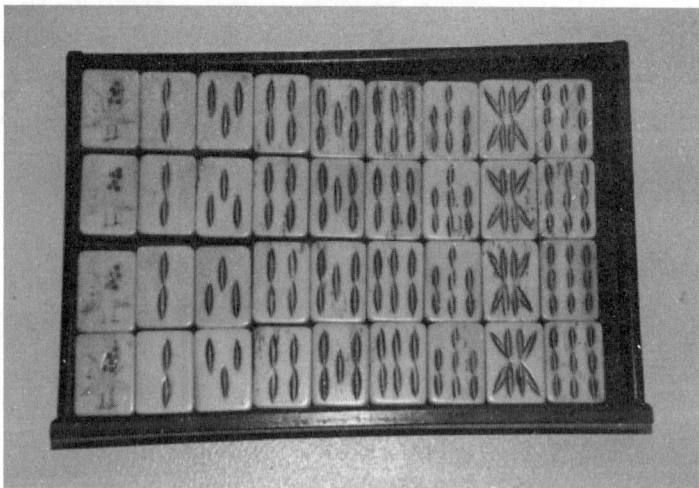

宁波清代麻将牌中稻米形状的索子牌

---

　　① 《爱打麻将，像老小孩，跟着这部纪录片回看袁隆平的晚年生活》，https://www.163.com/dy/article/GAK5K5180514A42S.html。

　　② 《90岁的年龄50岁的身体袁隆平的养生秘笈是……》，《大连晚报》2019年10月29日。

四、宁波近代麻将的对外交流

　　"五口通商"后,船舶多聚集在宁波港口,各省商贾云集于此,会搓麻将者越来越多,近代麻将就是通过来甬经商的各地商贾传播到津沪商埠并播及全国的,时间大约在清同治、光绪年间宁波钱庄业发展的鼎盛时期。如晚清《申报》曾报道扬州城各坊都有轿铺,轿夫无事之际,动辄就地斗叶子牌以为乐。又有1926年上海大戏院曾于西方电影《古国奇缘》放映前,为了提高票房,特别在《申报》刊登广告,标题上赫然是——"敬告爱打麻将的诸君——宁可少打八圈,不可不看《古国奇缘》"。广告词如下:"麻将天天可打,好影戏不是常常有得看。"该广告反映了麻将在当时的风靡程度,连时髦的新式电影院都要想出这样的方法来和它抢客户。随后,通过海上贸易和文化交流,麻将传播到美国、英国和日本等地。20世纪20年代,中国麻将出口达到鼎盛时期,竟然成为上海港对外出口商品中排名第6位的重要货物。当时大量出口的竹骨麻将通常采用上等楠竹和西藏牦牛骨镶嵌而成,整副牌还刻有外国人容易辨识的英文字母,价格高昂。据民国报纸记载,国民政府曾拨款在上海、宁波、福州等地开办麻将工厂,把麻将作为主要出口商品之一,行销日本、美国、欧洲等重要市场。民国的公派留学生中,有一半的人把教外国人搓麻将作为谋生副业,每小

时收费 10 美元以上。于是,麻将号称中国近代最强大的文化输出。[①] 杜亚泉在《博史》中说得再清楚不过:

> 民国十年前后,马将牌流行于欧美,骨牌之输出,几成为巨额之商品,此种出口之马将牌,即附有亚拉伯数字,形式略有变更。关于马将牌之戏法,亦有种种欧文书籍,叙述颇详;并有比赛马将戏之集团及研究马将戏法之杂志。我国人流寓外国,被人雇用,为马将指导员者亦不乏人。东邻日本,亦踵西洋而起;研究马将,一时称盛。[②]

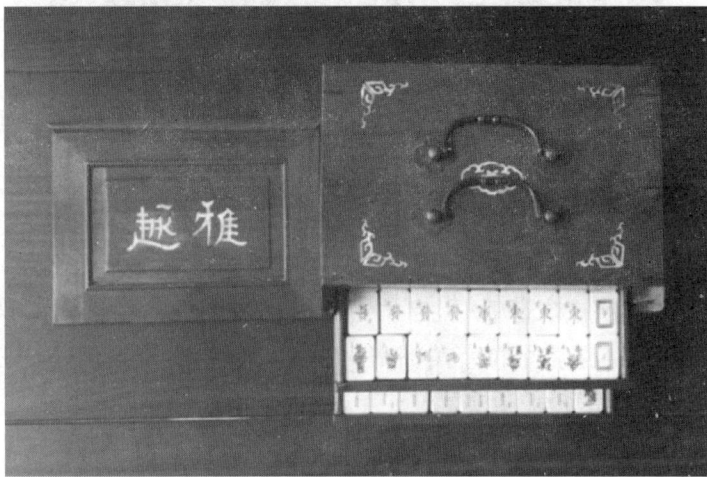

20 世纪 80 年代宁波外销麻将牌
(麻将上有英文字母)

　　如今,麻将作为中国的"国粹",已在西方国家乃至全世界广泛流行,融入了不同的特色和打法,并不断演变。如麻将流传到荷兰,花牌就改变成了风车、奶酪、木鞋等图案。日本还创建了麻将博物馆,世界麻将组织每两年就组织一届世界麻将锦标赛。在遥远的古巴,麻将娱乐事业发展得如火如荼,大街小巷都有老百姓在玩一种类似中国麻将的游戏,这就是

---

① 《世界博览》编辑部:《麻将,玩转世界——中国近代最强大的文化输出》,《世界博览》2013 年第 3 期。

② 《世界博览》编辑部:《麻将,玩转世界——中国近代最强大的文化输出》,《世界博览》2013 年第 3 期。

民国时期华盛商业公司出口欧洲的麻将,竹子镶嵌牛骨,民国榫卯工艺,
老红木箱,铜活完好;筹码很多均为牛骨制作

多米诺(Dominoes)麻将牌,相传是 100 多年前中国人带来的改良骨牌,
在加勒比地区甚至整个拉丁美洲都很流行,可以 2~4 人玩,与中国麻将
有些区别。"许多外国'麻友'认为,麻将是中国的国粹,它体现了一种思
维的美德,值得作为世界遗产来传承与保护。"①

(一)麻将从宁波传到美国

麻将通过"海上麻将之路"漂洋过海到美国时,正是美国经济的黄金
时期,麻将的出现可谓恰逢其时,不仅填补了娱乐的空缺,还满足了美国
人民对于东方情调的想象。

1. 戈鲲化最早把麻将从宁波传到美国

麻将传入美国的时间在西方国家中是最早的。同治四年(1865),祖

---

① 罗海文:《麻将(Mah-jongg)文化怎样走向世界》,《决策与信息》2013 年第 4 期。

籍安徽休宁的戈鲲化到英国驻宁波领事馆任翻译生兼中文教师,在居住宁波的 10 余年间,戈鲲化与陈鱼门、陈允升、陆廷黻、徐时栋等关系密切。这位洋务派官员,对麻将情有独钟,精通牌术,并留下《纵博》《戏掷升官图》等许多诗篇。光绪五年(1879),即陈鱼门逝世后一年,戈鲲化受聘到美国哈佛大学任教,讲授中国传统文化,成为登上哈佛讲台的中国第一人,他成为麻将在国外的积极传播者,并把麻将传授于美国的知识阶层,在哈佛培养了一批牌术精湛的教授,一度成为哈佛的校园逸事。

2. 巴布考克带动大量美国人玩麻将

1920 年前后,美国人巴布考克将麻将从上海介绍到了美国。他写了一本介绍麻将的小册子,统一了麻将英文术语的规范,取麻将的英文名为"Mah-Jong",并拥有版权。作家菲茨杰拉德在这本书的序言中说:"这是美国历史上最为放纵和绚丽的时代,这是最值得书写的时代。"果然,这本昵称为"小红书"的册子,几乎成为当时最受欢迎的书籍之一,并带动大量美国人玩起了麻将,他们视麻将为富有东方情趣的古董。

在美国掀起的麻将热直接导致麻将牌供不应求。1922 年,美国从中国进口的 13 万副麻将被抢购一空,售价高达 500 美元一副;当年的销售数量猛增到 150 万副。1923 年,纽约公园大道的年度街会准备邀请 12 位中国人给大家示范搓麻将,结果街会刚开始一天,用于展示的麻将牌就被看客强行买走了。当时,美国商业部的一份报告甚至指出,大量动物骨头正从芝加哥和堪萨斯城出口到中国,中国人用该原料制作成麻将牌后,再返销到美国,以满足美国市面上对高品质手工制麻将牌的需求。为了让西方人玩起来更方便,当时出口的很多麻将还在索、筒和万上标明了阿拉伯数字。在东、南、西、北上分别标注英文字母 E、S、W、N。到 1923 年末,已有 1500 万美国人玩起了麻将,其中大部分是家庭主妇。

3. 近代以来,麻将在美国曲折发展

20 世纪 50—60 年代,美国中产阶级白人妇女还流行举办"麻将之夜",家里挂灯笼,穿着中式服饰。到了 70 年代,随着越来越多的美国女性外出工作,许多人不再有时间流连牌桌,麻将也被认为是"祖母的运动",一度陷入低谷。

今天,在美国的一些大学里,许多学生把网络麻将当作一种游戏。有的大学还成立了麻将联谊会。一些社区中心每周一至周五,都有人在搓麻将,少则两三桌,多则五六桌。就连南达科他州的小村子都有人加入国家麻将联盟,成为麻将的发烧友。有的中小学甚至还开设麻将兴趣课,让学生通过麻将游戏学习算术和简单的汉字,辨认东、南、西、北等中国字。美国弗吉尼亚州阿灵顿的托马斯·杰佛逊中学,早在2006年就开办了麻将兴趣班,学生们利用午餐后的休息时间学习麻将技巧、策略和规则。2010年,《华尔街日报》曾发表评论,称网络带动了在线麻将的盛行,进而推动了美国搓麻将的人年轻化的趋势。如今,麻将在纽约的流行程度可与马提尼酒相提并论。

4. 麻将在美国的流行既有传承又有创新

美国人搓麻将,有按照中国玩法来玩的,还有按照"美国国家麻将联盟"推出的牌局表组合来玩的。当然,美国人搓麻将也有革新。有人诧异:美国人搓麻将,为什么能说出纯正的"吃""碰""杠""花""和"等中国话?其实,秘诀很简单,外国人打的中国麻将上面都刻了小小的英文字母,比如,"东"刻上字母"E","中"刻上字母"C"。一些美国人还大胆创新,把麻将的东、南、西、北分别变成纽约、旧金山等城市名称;红中、青发、白板变成红、蓝、白色网状图案;筒子变成美国国旗上的星星;条子则是红色条纹;最有趣的是,他们竟然把"万"字变成了美元。

美国是麻将的重要传入地,也是最早建立"全国麻将联合会"的西方国家之一。成立于1937年的美国国家麻将联盟总部设于纽约,目前在全美有30余个分会。美国国家麻将联盟每年举行年会,决定每年"最有趣和最富挑战性"的52种牌局,并印制成"和牌手册",作为第二年赢牌的标准发给所有会员。美国国家麻将联盟还会还举办麻将比赛,"加勒比海麻将疯狂循环赛"和美国"麻将疯狂锦标赛"是最重要的,比赛的部分收入捐赠给慈善机构。此外,佛罗里达西棕榈海滩每月还举办一次锦标赛;加州麻将俱乐部一年则举办4次大赛,参与者众多。

中国麻将构架了现代美国

——来自美国斯坦福大学的研究报告①

2013 年 7 月 15 日,斯坦福大学官网介绍了历史学博士生安纳莉丝·海因茨关于麻将和美国 20 世纪文化关系的研究报告。

这位曾在中国云南省教授英语并在那里学会了打麻将的博士生通过自己的研究,发现 20 世纪美国犹太人的社区都是围绕或因为打麻将建立起来的,不论是 30 年代旧金山唐人街公寓里的华侨,还是 50 年代布鲁克林的犹太人,麻将都是他们最基本的社交活动。在很多情况下,麻将把不同背景、阶层的人串联在一起。麻将甚至能引导那里的人处理解决很多内部的事务,以及人与人或上一代与下一代之间的问题。而且,麻将对华裔和犹太裔社群的长寿也发挥了很重要的作用。她说,很多时候你会听到很多人说他们和雀友认识超过 40 年了,他们在打麻将时也会聊到谁的孩子出生、谁过世了或谁离婚了等琐事。

麻将在 20 世纪 20 年代初从中国越过太平洋传入美国,并迅速在美国风靡开来。海因茨认为,尽管美国人对麻将的印象与麻将对美国文化所起到的重要性有较大差距,麻将却是很了不起的游戏,在跨越了时间和距离之后依然完好地保留了它的核心价值,并能提供丰富的历史探究和引人注目的话题。通过麻将的历史不但能了解当时美国人互动的对象、想法,并且能够想象当时的世界其实已经十分的全球化了。

海因茨在研究中特别注意到了麻将在犹太人社区和中国人社区的共通和差异。她认为麻将在第二次世界大战后成为犹太族群重建自己社区的最基本元素。麻将与犹太女性关联密切,一个重要的原因可能就在于很多犹太女性都拥有强势的职位,譬如是管理者、企业家或游戏高手,因此战后当犹太人搬离繁华市区开始到一个新地区

---

① 张俭:《走,打麻将》,四川人民出版社 2015 年版,第 185—187 页。

生活时,她们感到似乎又被隔离了,而此时年轻的犹太女人们则通过聚集到一起打麻将,重新建立她们的社区网络。海因茨指出,通过美国麻将联盟在纽约的发展,这些女性们创建并培育了美国麻将。海因茨介绍说,许多犹太家庭的女儿一度拒绝麻将,但现在又回到这个游戏上,以此维系她们的犹太身份,重燃她们对母亲的回忆。

这位现在主要通过麻将在种族、性别、经济、社会、文化历史方面进行跨国研究的学者进一步指出,麻将是一个令人愉快、富有审美情趣的智力游戏,并且有着十分深厚的文化底蕴,所以一定能再度吸引年轻一代。现在华裔和犹太裔家庭中,一个饶有兴趣的现象就是,不少年轻人和中年人都很乐意与他们的父母和祖父母一起打麻将。

最后,海因茨强调,美国麻将正变得越来越多样化,许多退休老年人现在也会利用空闲时间跨越种族和年龄界限来学习如何打麻将,并借此建立、发展他们在退休社区中的新友谊。

(二)麻将从宁波传到欧洲

起源于中国的麻将运动,据说于 17 世纪初经葡萄牙耶稣会士的介绍传入欧洲。笔者认为,那时传入欧洲的可能是麻将的前身马吊。麻将最早传入欧洲不会早于 19 世纪。

1. 麻将最早由夏福礼从宁波传到欧洲

英国驻宁波领事夏福礼于 1864 年最早从陈鱼门那里学会了搓麻将,并传到英国。1895 年,英国汉学家威尔金森(W. H. Wilkinson)第一次在书面记载中写到了中国知名的"卡片纸",即麻将(纸牌麻将),他也保持了该名称在西方的版本。威尔金森没有记载麻将在中国各种方言中的版本,1910 年,包括法语和日语在内的对于麻将的多种文字记载出现在欧洲。20 世纪 20 年代,麻将开始在国际上"发光发热",从美国传入欧洲,一路走红,英国和澳大利亚都兴起了麻将,一些王室贵族也迷上了这项

"中国国技"。英国人甚至衍生出新词汇,他们玩麻将赢了之后说的是"I hu-ed"(我和了),可谓中西合璧。"吃""碰"这样的专业用语,也原汁原味地出现在西方人的麻将桌上。英国著名侦探小说家阿加莎(Agatha Christie)的邻居中就有来自江浙一带的华侨,所以她对麻将也略知一二,曾数次在作品中提到麻将。比如,在《罗杰疑案》中,阿加莎是这样形容打麻将的:"请你稍微打得快一点,亲爱的。中国人打麻将打得非常快,听上去就像小鸟在叽叽喳喳地鸣叫。"

2.荷兰是麻将在欧洲发展的"桥头堡"

麻将在欧洲的发展,离不开"桥头堡"荷兰,其至今还保持着麻将原有的大部分游戏规则。同时,麻将在欧洲发展最快的国家也是荷兰。20世纪20年代,荷兰曾经成立过一个名为"荷兰麻将团体"的组织,不过由于对游戏规则不甚了解,这一团体很快就被解散了。"荷兰麻将团体"没落以后,荷兰人只在家中与亲戚朋友或在小俱乐部中玩这项游戏,而不会组织团体比赛。90年代初,一家名为"第一荷兰麻将社会"的俱乐部为其早期的比赛制定了一系列的麻将规则,而这些规则基本上是以巴布考克传到西方的规则为基础的。这项荷兰当时唯一的麻将比赛被称为荷兰"冠军杯"。2004年,荷兰已有几十个麻将俱乐部,该年成立的荷兰麻将联盟有120位成员。荷兰麻将联盟每年出版麻将杂志,同时考察和研究麻将规则、组织公开比赛。近几年,每年都会有大约10场比赛在荷兰和比利时举行。随着麻将品级制度的引入,比赛的知名度逐渐增加,品级制度已成为荷兰麻将联盟官方认可的正规制度。

近代时期,麻将从荷兰传到了欧洲其他国家,吸引了人数众多的麻将迷。他们将其作为一种与家人、朋友等增进感情的休闲方式。发展到今天,欧洲的麻将爱好者不仅会定期举办麻将研讨会,还会面向麻将入门者举办讲座,培养更多的爱好者。2004年,澳大利亚、丹麦、法国、德国、匈牙利、意大利、荷兰等7国麻将协会倡议在丹麦注册成立欧洲麻将联盟,并于当年举办了第一届欧洲麻将锦标赛。欧洲麻将联盟每年组织的欧洲各巡回赛、锦标赛和国家级锦标赛中,有500多人在排位名单上。比赛包括 2 场以日本麻将规则为准的欧洲锦标赛和 2 场以中国麻将规则为准的欧洲锦标赛。而欧洲各国还自行组织了本国的比赛,如丹麦公开赛和丹麦锦标赛。在丹麦,麻将是一种非常高雅的运动,玩家往往是各行各业的精英,麻将协会会员全是各个领域的专家、博士。丹麦的麻将馆大多设在绿草如茵、鸟语花香的地方。丹麦政府为本国的麻将协会拨付了资金,用于宣传和推广麻将。丹麦麻将协会定期举办麻将交流活动,大家在活动中切磋麻将技能,交流打麻将的心得;还会不定期制作一些传单,免费教新手打麻将。在澳大利亚,有学校将麻将加入课程中,邀请中国人担任教学工作。位于法国拉罗谢尔的孔子学院,于 2015 年开设了专门的麻将班。

西方人认为,这种类似纸牌的"砖块"有着悠久的历史传统,其碰出的声音、本身的触感是独特的快感来源。在他们看来,麻将的魔力在于不断地重组,牌局千变万化,只要打得好,就能化腐朽为神奇,收到惊喜。

(三)麻将从宁波传到日本

目前,麻将传入日本主要有两种说法:一说是光绪二十一年(1895)通过留日学生传过去的;另一说是宣统元年(1909)由一位叫名川彦作的日本英语教师从中国四川带回去的。笔者认为,两种可能性都存在,甚至还有更早传入日本的可能。问题不在于最早是如何传过去的,而在于传过去以后是如何推广开来的。文化的传播仅仅依靠作为载体的人是远远不够的,任何一个体育项目,当它被某一个人或某一些人带到一个新的地方,引起当地人的关注时,往往只是一个无意识的开端,它有可能是不胫而走,也有可能很快归于沉寂。只有当那个人或那些人积极地、有意识地宣传和推广,其才能生根、发芽、开花、结果。

从唐朝起,宁波就作为中国著名的港口城市开展对外交流,在宋元时期,宁波甚至已经开辟到日本的日常航线,双方贸易往来频繁。宁波天一阁博物院景区内的麻将起源地陈列馆内"三缺一"雕塑,中间穿马褂者是陈鱼门,右边是英国人夏福礼,左边是日本人。在陈鱼门在世的年代,麻将很可能已传入日本,但因文献记载较少或语焉不详,尚难确证。

　　在日本,麻将被认为是一项绅士运动,日本人制定了《绅士麻将礼仪20条》,希望其能成为国民教育的一部分。如今人们习以为常的自动麻将机,就是热爱机械的日本人发明的。此外,日本是目前竞技麻将最发达的国家,有9个级别的麻将联赛,职业麻将选手以此为生。

绅士麻将礼仪20条

　　1. 比赛中切记严于律己,宽以待人。

　　2. 注意礼节、仪表、着装打扮,坐姿正确。

　　3. 尽量避免戴戒指等尖锐的物品。

　　4. 比赛开始时,要说"请多关照",结束时要说"谢谢"等礼貌用语。

　　5. 码完牌后,为便于对方摸牌,请将牌朝右前方出牌。

　　6. 不要将牌朝牌池里乱扔。

　　7. 码牌后,开局人为了不把码好的牌碰散,应把牌放下后再摸牌。

　　8. 谨慎对待抢先摸牌、在牌桌上敲打牌的举止。

　　9. 听牌、碰、吃、杠、自摸时,要先清楚报牌后再伸手换牌。

　　10. 听牌时,按照先说"听"了,再打出一张牌,然后再拿出听牌棍的顺序进行。

　　11. 吃、碰牌时,先说出"吃""碰"后,再按照亮牌、换牌的顺序打牌。

　　12. 暗杠时,将四张牌亮牌后,再从后面补牌。

　　13. 不要将自己手上的牌放倒,听牌时也一样。

　　14. 听牌后,将听牌与其他牌明显区分,便于自摸。

　　15. 和牌时,将牌排列亮牌,以便让对方一目了然。

　　16. 暗杠时,与明杠、杠和时一样,排列亮牌,以便让大家都能够看清。

17. 在支付点数棍之前,不要将手上的牌与废牌混在一起。

18. 对局中的言辞和每局结束后的"解说"要谨慎。

19. 不对局时,不要站立观牌以及窥牌。

20. 将手机设为静音,除急事外,请勿使用手机。

1. 日本麻将普及晚于欧美,发展势头强劲

一衣带水的日本,麻将普及略晚于欧美。1924年,《朝日新闻》的《读者提问》专栏中,有了"最近小说和报纸上看见的麻将是什么?"的问题。那时,为数不多的麻将出现在高雅的咖啡馆和餐馆中,在东京神乐坂地区的咖啡馆里,仅一套麻将就使得当地名士、画家、官吏蜂拥而至。短短一年后,《朝日新闻》上连载的小说写到4人玩麻将的场景时,麻将已经风靡起来,许多麻将爱好者团体定期举办全国性的麻将大赛。1926年,日本人就编写了一本适宜大众学习的著作《麻将通》,很多地方开设了麻将馆,乐此不疲者越来越多。值得一提的是,麻将最先是在日本的文人群体中流行开来,很多能在日本文学史留下名字的文人当时都沉迷于麻将。著名杂志《文艺春秋》也是促进麻将在日本发展的一个重要因素。1928年,日本成立了东京麻将俱乐部,而第一任会长就是《文艺春秋》的创始人——菊池宽。

二战以前,包括中老年人和年轻人,喜欢并且经常打麻将的已经不计其数。日本麻将界元老、曾任日本麻将博物馆名誉馆长的大隈秀夫先生算是其中的一位佼佼者。要说打麻将的历史,很少有人比大隈秀夫早,更不可能比他坚持的时间长。大隈秀夫10岁的时候,父亲手把手地教会了他打麻将。随着年岁的增长,他的技艺日臻精深,中年时期获得了职业麻将的名人位和最高位两个重要头衔。他一生孜孜不倦,严守传统,每月必定邀约牌友围桌切磋一回,从不间断。年轻时代的大隈秀夫就痴迷于麻将,根据他的回忆,1943年的某一天,战争的阴霾笼罩着日本,再加上连日阴雨,人们的心情显得格外郁闷。大隈秀夫当时在东京大学念书,接到了被征召入伍的通知,准备去参加在明治神宫外苑举行的学生兵出征"壮行会"。他的心情很沮丧,踩着路上的积水,无精打采地向着神宫方向走

去,半路上他停下脚步思忖道:"上战场反正是死路一条,不如先回家乡看看。"于是调头往回走。可是走着走着他又想:"还是先过一把瘾再说吧。"结果他什么地方都没有去,而是回到宿舍,邀约几个朋友,痛痛快快地打了一场麻将。

日本的麻将热潮在二战期间有所消退,但在战争结束后,又一次风靡起来。从二战结束到现在,麻将已经成为日本的一种大众性娱乐活动。1953年,作为皇子的19岁明仁出国访问期间,就留下了打麻将的照片。日本不仅有麻将博物馆,还有众多的麻将杂志、麻将赛事。走在大街上,随处可见高悬着"麻雀"两个汉字的招牌,许多初到日本的国人经常望文生义,以为日本人喜欢吃烤麻雀,所以市面上才出现如此多的专营麻雀料理的"餐馆",殊不知这是搓麻将的地方。

2. 日本称麻将为麻雀

麻将传到日本以后,它的名称变成了麻雀,这就不能不追溯到前文提到的陈鱼门的籍贯和他的口音。麻将的前身称马吊牌,在宁波话里面,"吊"读如 dio,而不是普通话的 diào。"马吊"二字在江浙一带特别是宁波话里面的发音和"麻鸟"或"麻雀"几乎完全是一样的,用江浙话说的"马吊"被误听为"麻鸟",甚至误写为"麻雀"的可能性就很大。另外,在北方话中,有的地方将麻雀的"雀"字读作 qiǎo,也是容易被人听混淆的,因此笔者猜测,麻将的"将"字的读音跟北方话有关系,而"麻雀"则是南方的读音。日本语中的麻雀读作すずめ,单写作一个"雀"字,跟中国麻雀的读音完全不相同,是指鸟类的一种,而日本写作麻雀的词语只有一个意思——麻将,并不代表鸟类。归根结底,马吊、麻将、麻雀这3个词之间的读音是有必然联系的,免不了会因为有的人用方言说这几个词语,使之发生音变。日本的麻雀则是一个由中国传入以后,保留了读音却发生转义的词汇,这是确切无疑的。同时,日本称麻将为麻雀,正是麻将从通商口岸宁波传出去的见证。

3. 日本建立了世界上最早的麻将博物馆

中国是麻将的发源地,但世界上首家麻将博物馆坐落在日本千叶县。

它位于东京郊区,徒步5分钟便是海水浴场,景色秀丽。麻将博物馆是由一位名叫野口恭一郎的出版商出面筹办的,1999年11月建成后便吸引数万人慕名而来。博物馆共分两层,展示着收集来的1万多册各国麻将书籍、麻将桌、麻将器具和形形色色的麻将牌。麻将博物馆将展览分成不同风格和种类的展台。按地域分,中国是麻将的发源地,日本有发达的麻将文化,美国曾出现过"麻将热",欧洲麻将则成为贵人的游艺。按主题分,有麻将与人类和平、麻将与印章、麻将与历史、麻将与书籍等,令人眼花缭乱。

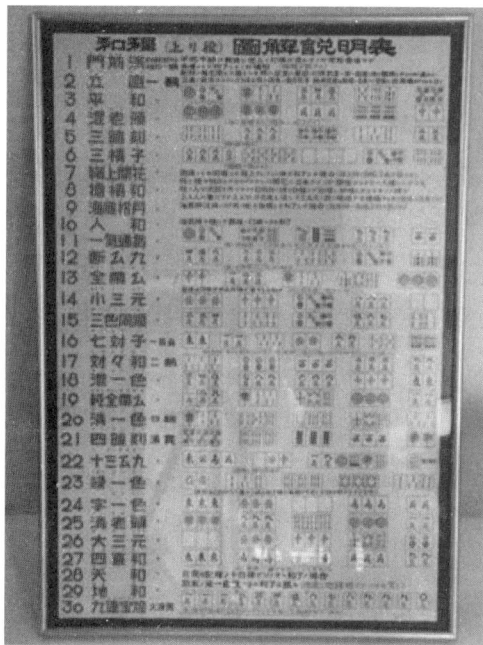

宁波天一阁博物馆麻将馆的日本麻将解说牌

麻将博物馆收藏有不少名贵麻将牌。其中最珍贵的是溥仪用过的宫廷麻将"五彩螺钿牌"。它一套两副,牌体稍大的为男牌,稍小的为女牌。所谓"男女有别",即便是贝勒和公主,也不能同桌玩牌。"五彩螺钿牌"的贵重处在于每张牌背的图案均为极难雕刻的梅花图,要使螺钿牌背的图案一模一样,制作师非有鬼斧神工之力不可。另外,馆内收藏有一副19

世纪 20 年代为梅兰芳特制的京剧麻将牌,风牌牌背以梅兰芳得意曲目"游龙戏凤"4 字为图案。还有中国流传到美国的第一副麻将牌、法国制造的竹制牌、加拿大的石头牌等。有趣的是,欧美使用的麻将仍大多使用"八万""东风""发财"等汉字。为帮助不会汉语的人辨认,麻将牌的左上角分别标有阿拉伯数字或英文缩写。

馆内展示的麻将用具也不一而足。如中国清代的红木云石麻将桌椅,方桌方凳均使用云南高级红木制作,桌面是暗花纹大理石。该麻将桌被摆在二楼展厅入口处,显示了博物馆主人对其的珍爱。还有一副透视眼镜,看起来与平常眼镜无异,但与特殊麻将牌配套,却可以把对手的牌看得一清二楚。随着现代科技的发展,该博物馆甚至收藏了具备透视功能的隐形眼镜。

关于麻将历史与文化的书籍是麻将博物馆最丰富的部分,比如被称作麻将"三大古书"的《麻将牌谱》《麻将指南》和《麻将秘诀》。观众在参观时还可看到 1923 年美国《纽约时报》上刊登的一则麻将广告:某教会开设一个麻将学习班,欲招聘学员,每人学费 10 美元。可见当时学麻将还是高消费。在堆积如山的麻将书籍中,有中国 1920 年刊印的《麻将扑克秘诀》,美国 1923 年出版的《英文麻将说明规则》,日本 1926 年出版的《麻将通》,甚至收入了中国人民体育出版社 1996 年版的《麻将大全》和 1998 年中国国家体育总局出台的《中国麻将竞赛规则(试行)》。麻将博物馆专门印刷中、日、英 3 种语言版本的中国麻将比赛规则书籍,冠名为"国际标准规则"。日本一些漫画家也不甘寂寞,专画麻将题材的漫画,销路不错。

麻将博物馆除了收藏麻将,还大力推广麻将文化。博物馆定期出版有关麻将的文化书刊,并推出麻将点心、麻将清酒、麻将茶具等各种纪念品。以野口恭一郎为首的麻将爱好者还不时赴中国各地访问,探访麻将渊源,切磋麻将技艺。虽然建立麻将博物馆耗资巨大,但这些"麻迷"似乎乐此不疲。2001 年 6 月宁波"麻将起源地陈列馆"建成时,日本五大麻将组织负责人全部来到宁波市,并带来了日本各地的 120 多位麻将选手,参加了"麻将起源地陈列馆"的开馆仪式和同时在宁波举办的"第一届'宁波杯'国际城市健康麻将对抗赛暨'陈鱼门杯'健康麻将友谊赛"。

野口在离世前,作出了一个令中国人民十分感动的举措。他认为麻将起源于中国,也希望自己的麻将博物馆的收藏能转交给中国。于是,在野口去世 2 年后的 2013 年,溥仪的那副五彩螺钿牌在历经百年沧桑后,终于回到了祖国的怀抱。现如今,这套珍贵的麻将藏于成都博物馆。

加拿大石头牌

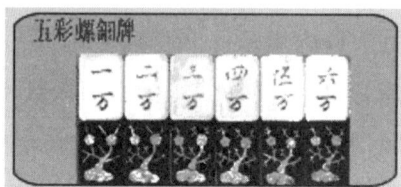

五彩螺钿牌

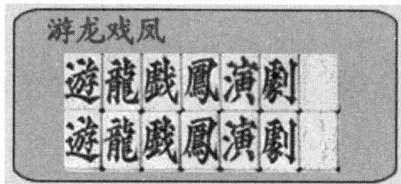

"游龙戏凤"牌

(四)麻将备受犹太人的喜爱

麻将从 1920 年传入美国后,就在犹太裔美国人当中掀起风潮。特别是犹太女性,对麻将有极其强烈的兴趣,而且玩得很好。1937 年,第一届全美麻将迷大会召开,要从 400 人中选出几个人来讨论大会章程,统一麻将规则,最后选出的 7 个人全是犹太人。此外,最早将麻将介绍到美国的巴布考克是犹太人;麻将的美国打法基本是犹太人发明的。到了 20 世纪 60 年代,犹太人和麻将已经紧密联系在一起了,美国人听到麻将这个词,联想到的再也不是神秘的中国,而是犹太人。

犹太人是麻将最忠实的追随者之一,几乎每家都有一套麻将牌。他们和中国人一样,将搓麻将作为重要的社交手段。二战期间,当故乡乃至全世界对犹太人关上大门时,中国上海这扇门仍对他们开启。几万犹太人流亡到上海,他们很快接受了中国的麻将游戏,以此作为同族人交流的工具,共同度过流亡中的漫漫长夜。此后无论走到何处,麻将都成为犹太人尤其是犹太妇女的极佳伴侣,他们对麻将上的中文早已看惯。二战后,犹太人从上海到美国,麻将被进一步传播。曾经有一名南非华人创造出取消东、南、西、北风的新式麻将,竟丝毫不能引起他们的兴趣。犹太人对中国麻将的喜爱,就这样在一段伤痛与温情交错的底色中延续下来。麻将也让犹太民族对中国文化好感大增,早期大批华裔迁徙到美国的时候,在美国的犹太族裔是最欢迎华裔到来的群体之一。

(五)麻将作为竞技体育项目已走向世界

2005 年,中国、日本、美国、德国、法国、丹麦、荷兰、匈牙利等各国麻将组织共同倡议成立世界麻将组织,该组织秉承"非营利性、非宗教性、非政治性的开放性原则",现已成为国际智力麻将运动、竞赛、培训、交流的权威机构,并编译出版了《麻将竞赛规则》,制定了《麻将品级认定制度》,确定了裁判员培养训练制度,促进了麻将文化的健康发展。为推动麻将成为智力运动,国际麻将联盟于 2015 年 7 月在瑞士洛桑正式成立,是全球唯一正式注册的国际性麻将组织。国际麻将联盟秉承智力运动理念,致力于协调全球各地麻将协会开展麻将智力运动,以公平、开放、包容、继承和发展的理念推动麻将文化的全球传播,推动全球麻将规范化、竞技化、运动化发展。世界麻将组织在 2010 年通过了"世界麻将锦标赛 2010年以后每两年举办一届"的决议。2011 年 11 月,200 多名选手参加了首届北美麻将冠军联赛。该协会还决定,今后每年都将举行联赛。

在我国,麻将运动以 3 种形式存在:休闲麻将、赌博麻将、竞技麻将。在邻里之间、麻将馆内进行的麻将运动基本为休闲麻将,这种麻将游戏规则灵活多变,通常也没有什么赌注,以愉悦身心、打发时间为主要目的。带有赌博性质的麻将,是我国严令禁止的。我国麻将运动参与者大部分进行的是前两种,只有很少一部分人专注于竞技麻将。虽然博弈在我国已有数千年历史,近代麻将的发明与流行也有上百年,但竞技麻将的兴起是在最近十几年,直到 1998 年,我国才有了官方举办的麻将比赛,所依照的规则是由国家体育总局制定的《中国麻将竞赛总则(试行)》。相比于悠久的麻将历史,我国竞技麻将的发展速度远远落后于欧美和日本。我国不仅竞技麻将赛事寥寥无几,而且竞技麻将赛事的参与者集中在民间,未经过严格训练。而在国外,无论是欧洲还是日本,职业麻将体系都非常成熟,麻将选手有足够的时间和精力去钻研麻将技术,频繁的比赛也让他们积累了国际赛事经验。

国际麻将赛事中比较著名的有世界麻将大赛(2006 年创设,一年举办一次,奖金非常丰厚)、欧洲麻将锦标赛。在第五届欧洲麻将锦标赛上,中国队遭遇惨败。共 50 多个国家 120 多名选手参加,论规模明显超过了世界麻将大赛,可惜的是,中国队的选手还没有在这项赛事中取得过好的名次。以现在世界麻将格局来看,重心在西欧和日本,德国、法国和丹麦实力都非常强劲,尤其是法国,近年来在世界大赛中取得过包揽世界前三的成绩,而日本选手也在这次欧洲麻将锦标赛中取得个人第一的好成绩。有"中国麻将王"之称的胡志伟,曾经夺得过多项国内赛事冠军,但他在全球总决赛中的成绩不尽如人意。在麻将运动迅速发展的今天,中国十几年来所取得的进步相当有限,如何扭转人们对麻将固有的与赌博沾边的认识,更好地在全社会推广、普及竞技麻将,是中国麻将运动在未来面临的一个很大的课题。

(六)宁波"麻将起源地陈列馆"是
"海上麻将之路"的历史见证

2001 年 6 月,宁波建起了一座麻将起源地陈列馆,这也是当时国内唯一以麻将为主题的专题陈列馆。该馆选址为陈氏宗祠,即陈鱼门祖辈的祠堂。陈鱼门故居原址位于宁波市海曙区蒋祠巷 3 号,原先共有三进,第一进为小洋楼;第二进为民国时期较典型的近代建筑;第三进为清晚期建筑,三合院,主体建筑坐北朝南,主楼为五间二弄重檐硬山式楼房。今天的陈鱼门故居位于盛园巷 2 号,在月湖盛园这个融汇历史怀旧情调与现代优雅生活于一身的江南风尚街区内,与其他历史建筑一起,共同奠定着这片土地的人文底蕴。

馆内以麻将的发展史为线索,展出中国、美国、日本、英国、韩国、新加坡、越南等世界各国不同材质与形制的麻将牌,有不少展品来自野口恭一郎的捐赠。作为世界上第一座麻将博物馆创办人的野口,是一名麻将的狂热粉丝,20 世纪 70 年代在日本办了两份麻将杂志,赚了不少钱。一次偶然的机会,他看到一份英国驻宁波领事夏福礼的笔记。夏福礼在里面详细记录了陈鱼门如何发明麻将,又如何将之传到上海的故事。野口一下子激动了,他委托上海交通大学一位曹姓教授来宁波寻访陈鱼门故里,多年不得。直到后来曹教授通过另外的途径联系上宁波文史专家邬向东,才知道了"陈太守"和"屙老爷"的故事。野口很开心,多次来宁波考察。他觉得宁波是麻将起源地,也应该有一座博物馆,于是提出愿意捐赠一部分收藏品给宁波,并积极筹措资金。野口的收藏非常丰富,包括清代宫廷所用的不少麻将牌,质地包括翡翠、纯银、各种骨头、犀牛角,还有很多名人用过的麻将牌,如梅兰芳的牌、张大千的牌、袁世凯的陶瓷牌等,最为名贵的当数末代皇帝溥仪用过的宫廷麻将"五彩螺钿牌"。野口捐赠了300 多件展品和资料,包裹上一一注明骨牌产地,来自各国的都有。

麻将起源地陈列馆馆内还悬挂有一批蕴含麻将文化与哲理的楹联,很值得玩味思索,如"世事沉浮中发白,人情冷暖马牛风""竹菊梅兰含雅气,东西南北浴和风""竹墅投闲岂以技高决赢输,方城逐鹿怎能气短论英雄""东西汉,南北宋,兴衰宝鉴;山海经,水浒传,今古奇观""无欲则宁,无欲则刚,但为怡情寻乐土;有人思进,有人思出,何妨冷眼眺围城""东南西北诸方利,春夏秋冬四季宜"。另一副"筒来索去犹半日,参横月落不曾知"更是妙不可言,将沉迷麻将者写得入木三分。

无论是梅兰竹菊、春夏秋冬屏风,还是陈氏宗祠天井摆放的各类古代牌具模型,无不诠释着港城宁波与麻将的密切关系,尤其是置于仪门的

麻将起源地陈列馆内的人物塑像

"三缺一"雕塑,更是成为馆内的点睛之作。那位正中入座身着长袍马褂的就是麻将的改造者陈鱼门,另外两位是眉头紧锁的日本浪人和风度翩翩的英国人夏福礼,这一雕塑抓住了每个人物的瞬间表情,刻画形象生动,国内外游客到此都会会心一笑。

概言之,宁波近代麻将融汇了宁波商帮钱庄业与航海业的文化精粹,不仅成为一种深受民众喜爱的社交娱乐工具,而且一开始就成为中外文化交流的载体,向世界各国传播中华文化。

五、麻将博弈与人工智能开发

　　麻将起源于中国,如今这一蕴含东方哲学和智慧的古老博弈游戏正风靡全世界。与象棋、围棋等棋类相比,麻将在游戏博弈的过程中存在大量隐藏信息,具有高度的不确定性,因此麻将的复杂度远高于其他棋类,对人工智能(AI)技术存在着特殊挑战。谷歌公司研发的 AI 机器人轰轰烈烈地跟人类围棋界的高手进行了多场对战,从西欧的围棋第一人到韩国的围棋精英李世石,再到中国的天才围棋少年柯洁,无论是哪一场对战,围棋 AI 都赢得非常轻松,甚至可以说是毫无悬念。李世石确实赢了一把,拿下了 1∶4 的战绩,是唯一赢过这个机器人的人类棋手。但他赢得并不光彩,因为那一局是基于机器人让子的设定。AI 浩浩荡荡地在围棋界搅动了风云,引起全世界诸多围棋爱好者的关注,如今,它"光临"麻将界。那么,AI 在麻将这个领域能否再度战无不胜呢?

(一)麻将中的博弈文化

　　麻将在数学与方法上和博弈论有着极其密切的联系,也是麻将的科学性所在。于光远曾在《漫谈竞赛论》一书中探讨了"原始竞赛""竞赛与赌博""作为竞赛的经济行为""一人竞赛""多人竞赛""零和竞赛与非零和竞赛"等问题,运用麻将牌和扑克牌竞赛中的博弈原理、概率原理、数学原理展开分析。① 2005 年的诺贝尔经济学奖颁给了以色列经济学家奥曼(Robert J. Aumann)和美国的托马斯·谢林(Thomas C. Schelling),而他们的贡献就是从博弈论中建构了自己的思想体系并运用于实际。在数千年的游戏中熟悉并贡献了博弈规则的中国人,期待着在新的领域运用这一古老的智慧。

与扑克不同的是,麻将的打法几乎可以归纳为一种。尽管各地的具体打法不同,存在一些细微的差异,然而这些差异不是根本性或原则性的。有人说打麻将即是进行一场博弈,这是完全恰当的:一场麻将活动是由四个玩家参与的,博弈中称为参与人(局中人);每个玩家,即参与人,通过理性的选择策略——吃牌或抓牌、组合牌型、出牌等来实现目标,在这个过程中,每个人的利益与自己的行动(出牌)和其他人的行动存在关联。因此,麻将博弈是有四个参与人的博弈。

博弈论对各种博弈进行了分类或者定位,有零和与非零和、合作与对抗、静态与动态的不同对局。那么,打麻将是什么样的博弈对局呢? 首先,麻将活动是零和的博弈。因为,在任何一场麻将游戏中,赢的人所赢的钱数和输的人所输的钱数为一常数,即为零。其次,麻将按其性质而言,属于非合作性的博弈。说它是非合作性博弈,因为参与人之间不能形成行动协议(除非作弊)。再次,麻将活动是动态的博弈,并且这个动态博弈为有限阶段的,因为麻将活动中参与人的行动有先后之分,并且后行动的人作行动决策时,能够观察到先出牌的人的牌后再行动。在这个动态博弈中,参与人的行动次数为有限步,即任何一个麻将活动能够在有限步内结束,这个有限步是参与人能够预知的。

假定一副麻将由条、万、筒 3 种花色(简称"正牌")和东、南、西、北、中、发、白(简称"杂牌")组成,忽略各种"花"(若有这些"花",证明过程类似),那么,3 种"正牌"每种有 36 张牌(4×9),7 种"杂牌"共有 28 张牌(7

---

① 于光远:《漫谈竞赛论》,中国文联出版社 2000 年版。

×4)。这样,一副牌共有 136 张牌(36×3+28)。当玩家抓完 13 张而形成一把牌之后,剩下的牌数为 84 张(136-13×4)。那么,一场麻将博弈的可能步骤最多为 84 步。

出牌的策略是千变万化的。任何一局牌中,玩家在抓牌开始时无法预测自己将抓到何种组合的牌,抓牌结束后也无法猜出其他人手里的牌是什么样的组合。每个参与人对他人的牌无法预测,而只能对自己和他人谁将和牌的可能性作出判断。因此,麻将又是不完全信息的动态博弈。

每个人初始的牌是不确定的,每个人未来能够抓到的牌是不确定的,他人要和的牌是不确定的,在这些不确定性情况下,玩家要进行决策。因此,这些决策均是不确定性条件下的决策。麻将博弈中参与人有无必胜的策略?答案非常肯定,没有。若存在这样的策略,那么,这个策略被找到后,4 个玩家能够用之赢对方,而这是不可能的。因为一场麻将的博弈是零和博弈,按照目前通行规则,麻将中最多有一个人和,而不可能都和。一种特殊情况是,参与人打出的牌为点炮的牌。这是麻将博弈中任何人都力图避免的。当轮到自己行动时,即抓牌并打牌时,若自己抓牌而不能和,那么打出的牌有可能成为他人的炮牌,避免点炮是麻将游戏中的功夫。那么,有没有绝对的避免点炮策略呢?在某一步,这样的策略是存在的,这就是所谓的跟牌策略。

(二)麻将博弈思维的特点及其比较优势

1.麻将博弈思维的特点

专心致志。搓麻将的人在搓麻将时通常会十分专注,心无旁骛,关键时候往往都不接电话,因为一接电话就容易受干扰,影响和牌。

永不服输。搓麻将的人即便是最后一把,也觉得有机会,永不放弃。牌局结束,牌友们临走之时通常会说:"晚上再来!""明天再来!""下次再来!"

惜时如金。搓麻将的人不喜欢迟到,也从不早退,大家兴致正高时,谁先走谁就会被扣上扫兴的帽子,下次可能就不会再找他了。另外,牌局中的人总是不断催促别人出牌,甚至上洗手间都是来去匆匆,"惜时如金"在这里表现得淋漓尽致。

斗志十足。搓麻将的人个个精神抖擞,斗志高昂,仿佛不知道什么是疲惫,连续"战斗"几小时乃至十几小时,也没有一个人叫苦叫累,而且可以做到废寝忘食。

适应环境能力强。搓麻将的人从来不挑剔环境和条件,再冷再热的环境都能克服,天热没空调没关系,心静自然凉,冬天没暖气也可以坐下。

乐于接受他人的建议。搓麻将的人不管是在失利还是得利的情况下,都十分乐意听取旁边观战人的建议,适时调整自己的战略和方法,以期成功和牌。

过错不推诿,善于换位思考。搓麻将的人有一个特点:盯住对家、看住上家、管住下家。对于他们需要什么牌以及在想什么都要揣摩,这实际上是一种换位思考。另外,搓麻将的人不会抱怨别人如何,而是会责怪自己打错牌了、没算清楚等,只会在自己身上找原因。

善于总结,归纳经验。每次搓麻将结束,大家都是先清点统计本次得失,出去了多少钱,收回了多少钱,打错了哪些牌,在哪些关键策略上失算。

2.麻将博弈思维的比较优势

外国人喜欢打桥牌,中国人喜欢搓麻将。但不管是桥牌、麻将,博弈之道大抵相同,都是关于资源整合的游戏。游戏乃社会的产物,是文化的缩影。麻将的游戏规则,集中折射出中国的文化精神和价值观念。四人两两相对,安坐桌前,依照顺序,分别取牌,既先后有序,又机遇相等。不同于西方扑克之二人结为一伙、相互配合,麻将是以个体为单位的。吃牌时,上家先于下家,体现出中国先后有序的社会规则;上家可截下家,体现出"势"的显著作用。而下家也可碰吃,体现出在特殊情况下"弱势亦可战胜强势"的文化理念和变化莫测的世态。中国麻将和西方扑克的根本区别在于：麻将讲究"适合我的才是最好的"，扑克则追求拿到一把好牌，王牌越多越好；麻将主张王道，扑克追求霸道。麻将和扑克的游戏结束方式也不一样，在游戏过程中的打法也不一样。不管是之前流行的斗地主，还是现在流行的掼蛋，都源于一个比较古老的扑克游戏，叫作"争上游"。其主要打法就是利用自己手里的优势牌组合来压制对方的牌，让自己的牌先走完，对方的牌出不了，这样也就取得了胜利。而麻将游戏中，大家都没有什么占优势的牌，牌好不好，完全在于自己对局势掌握了解后所作的组合选择。一个真正的麻将高手，在经过两轮牌出完后，就可以大致摸清其他三家的牌面趋势，从而调整好自己的牌面，以获得后期和牌的最大可能性。其中，玩家不需要压制别人的出牌，顺应别人的出牌选择即可获得自己组牌的成功，最后成功和牌。

麻将思维讲究既单打独行，又相互利用，体现出中国传统文化"和而不同"的精神。而有用之牌保留，无用之牌弃之，更体现出在国人心目中将人分为有用、无用，高低贵贱分明的思维方式。象棋的棋子等级分明、步伐有别，在棋盘上拼杀时杀气毕露，以吃子和"将军"为首要目的，俨然一幅军事攻伐图。当一方的将或帅被困于九宫格时，输赢已定，征战就戛然而止。围棋子只有黑、白两色，没有级别划分，没有功能规定，随着棋盘上经营空间的扩大，棋从有限空间进入无限可能，然而在攻城略地的过程中，所有局势尽收眼底，最终以地盘大小决胜负。扑克牌的大小一目了然，小不胜大，在玩的过程中智慧与合作固然重要，运气也不可或缺，否则一手小牌，恐怕无论如何也赢不了。麻将则讲究和谐，玩家手上的牌身份平等、大小相同，所有的牌都能在不同组合中起作用，一方看不到对手的牌，也不必按既定程序出牌，赢牌的方式也千变万化，但最终是要理顺、有序，让13张牌呈现出和谐境界。

3. 麻将博弈技巧

麻将既然是博弈游戏，当然有它的技巧，这里整理了民间关于打麻将的若干技巧。主要包括：(1)先学会盯下家的牌，需要养成监视下家牌的习惯。看着以及记住下家的出牌，先培养看牌与摸牌双管齐下的反应能力。(2)当熟练掌握了看牌和记牌之后,再练习如何观察下家出牌的次序,这里不仅仅是记住下家打了什么牌,还要记得下家出牌的次序,以此来估计他的牌路,乃至他需要什么牌。(3)当牌局中出现打中张的情况时,需要特别注意。因为有人打中张时,则表示其牌型已经基本确定。如果出牌时很利落,则多半中张在牌型中较为孤立。如果出牌时表现出犹豫,则可能在牌型中还有所依靠。如果碰见把中张插进去又打出来的情况,则多半是听牌了,那么打这张牌的邻张可以参考为安全张。(4)当练熟了盯下家以后,就要学会避上家。对于上家,同样需要观察和记住其牌路,这样注视两家牌可能有些困难,但是如果能做到,就能使牌型尽量迎合上家的"废牌"。(5)顾对家。做到盯下家、避上家后,如果还有能力,那就再观察一下对家的牌,从而做到顾全大局。

(三)麻将博弈与人工智能技术

说搓麻将要靠运气才能赢,这话不错,但若要说搓麻将是一个完全靠运气来对战的游戏,那就大错特错。任何看上去很随机的运气游戏,其实背后都是一次又一次心理层面的博弈,越是简单的游戏,其获胜的办法就越复杂,因为玩家可以采取的手段更多。麻将 AI 系统的设计原理是:在你确定的那些资料当中去计算剩余牌的概率,自己哪张牌被和的概率最大,怎么打牌可以让和牌的概率更高;在打牌时间不长的情况下,可能会出现运气特别差并且输牌的情况,但打牌的时间一长,多次牌局比较下来,你一定是最后的赢家。

在 2019 年 3 月举行的世界人工智能大会上,微软发布了一个"雀神AI"——Suphx,在专业的麻将竞技平台上,其实力胜过了顶级人类选手的平均水平。Suphx 的全称是 Super Phoenix(超级凤凰),于 2019 年 3月现身日本专业的麻将竞技平台"天凤"。"天凤"是日本的一个在线麻将竞技平台,创立于 2006 年。因其完善的竞技规则、专业的段位体系,自推出后很快便成为全世界知名的高水平专业麻将竞技平台,受到职业麻将界的广泛承认。

微软亚太研发集团主席兼微软亚洲研究院院长洪小文博士认为:"游戏一直是人工智能研究的最佳试验田,训练游戏 AI 的过程可以不断提升人工智能的算法和人工智能处理复杂问题的能力。麻将 AI 系统 Suphx 的技术突破,对于探索及扩展人工智能算法的边界是非常有益的尝试。同时,麻将这类游戏中的推理、决策过程与人类真实且复杂的生活更贴近,我们希望通过对麻将 AI 系统的研究,提升人工智能在现实环境中解决复杂问题的能力,推动人工智能技术的发展。"[①]在麻将竞技比赛对局中,每位选手只能看到自己的 13 张手牌与已经打出去的牌,场内大量的隐藏信息无法被看到。过高的随机性让传统的人工智能搜索树很难起作用,极大程度上影响了算法模型的训练。Suphx 基于微软亚洲研究院发明的自适应决策、先知教练、全盘预测等新型人工智能技术,可以有效处理麻将的高度不确定性,在游戏中表现出类人的直觉、预测、推理、模糊决策能力和大局观意识。

对于麻将的输赢,市井百姓享受的是运气和经验的快感,而高手享受的是智力的较量。针对这点,负责研发 Suphx 的微软亚洲研究院刘铁岩团队使用了"先知教练"技术来改善原有的强化学习算法。简单来说,"先知教练"可以在看清所有未知底牌的情况下帮助 Suphx 决定如何出牌,以此来引导 Suphx 走上一条接近完全信息博弈项目中的路径。经过大量训练,不知道底牌信息的 Suphx 能对可见的信息产生更深刻的理解,即逐渐学会"预测"的本领,在遇到特定可见信息的牌局时,能够更准确地预测对手的手牌及未知的底牌,并作出获胜概率更高的决策。但麻将的不稳定因素不止于此。144 张牌的排列组合所形成的状态空间远远大于德州扑克;玩家在两次抓牌期间,对手 3 人的行动衍生出的线路也异常繁杂。这些因素让麻将的游戏树始终处于动态变化中,极不规则。基于这些因素,刘铁岩团队为 Suphx 特别添加了动态调整策略的能力。由于麻

---

① 沈向洋:《微软全球副总裁沈向洋发布世界首个 AI 麻将选手 实力媲美人类高手》,《新民晚报》2019 年 8 月 29 日。

将牌所形成的巨大状态空间会随着底牌确定而大幅缩小,掌握动态调整策略的 Suphx 在底牌确定后会对状态空间进行更有针对性的探索,同时在本次牌局与以往牌局间建立联系,从而在本次牌局中作出更加精准的决策。为了能在"天凤"平台上打出效果,研发团队更是针对日式麻将的规则,为 Suphx 设计了全盘预测的功能。与中式麻将不同,在"天凤"平台上进行对局,最终的名次由 8 轮比赛的综合结果判定。加入全盘预测功能,意味着让 Suphx 理解每一轮对于最终结果的贡献,再将强化学习的奖励信号合理分配回每一轮中,引导 Suphx 在实战中作出基于全局的战略性取舍。研发团队的核心思路,是将不稳定因素带来的负面影响最大限度地降低,这让 Suphx 飞上了人类还未能踏足的高峰。自 2019 年 3 月进入"天凤"平台之后,Suphx 一直在不断地自我进化。目前,在平衡攻击和防御方面,Suphx 能够作出比顶尖人类玩家更明智的策略,战略性地完成短期损失与长期收益之间的权衡,并根据已有的模糊信息进行快速决策。

下　篇

宁波近代麻将文化之创新

麻将寄托着中国人的生存理想，还体现了一种生态文明。麻将文化已经作为一种"中国智造"广泛流行于欧美、日本，甚至连犹太人都对其爱不释手。但是在中国，由于对麻将的不正当利用，群众将麻将作为赌博工具，陷入了麻将的职能是赌博的认识误区。因此，尽早让广大群众走出认识误区，彰显弘扬麻将的国粹性质，对于民族非遗的保护和传承具有重要作用。

在传承和发展麻将文化的过程中，基于马克思主义唯物史观、辩证法和文化遗产观的基本理念，需要充分发扬麻将文化中利于人们生活和生产的积极方面，始终坚持麻将文化发展同人的全面发展相统一，坚持人与人、人与社会、人与自然之间的和谐，最终实现麻将文化的和谐发展与传承。麻将文化由古人创造，延续至今。但创造麻将的本意已被曲解成赌博，麻将中所体现的中国传统文化也已经随着时代的发展渐渐被遗忘。麻将这种具有广泛群众基础的大众娱乐，很长一段时间因为错误的认识而被全盘否定，不仅使宝贵的文化遗产不能得到合理利用，而且无法满足广大人民群众日益增长的文化需要。因此，继承和发展麻将文化不仅要摆脱人们对麻将功能认识的误区，而且要传承麻将文化中的传统文化意蕴。对麻将牌的认识犹如对鸟类麻雀的认识，需要经过从肯定到否定再到否定之否定的辩证发展过程。这不仅是为麻将"正身"，更要让这种传统国粹得以光明正大地为民众所使用和发展，达到文化与人的全面发展的统一，增强文化自信。

一、国学麻将说

搓麻将时，为了限制和牌速度和次数，由庄家在 136 张牌中任意选一组毫不相干的 3 张牌，经过一定的创意把它们连在一起，再给它们起一个有趣的名字，这就叫麻将"嘴子"，实际上是麻将的番种。国学麻将是在继承传统基础上对宁波近代麻将的创新。国学麻将把中华优秀传统文化有机地融合在麻将和牌的类型之中，并组成新的番种。笔者在搜集整理民间流传的番种基础上作了综合创新，用麻将番种来系统表达中华文化，揭示它深层次的文化内涵，使它成为传承与弘扬中华优秀传统文化和社会主义先进文化的载体。

【成语词条】**国士无双**

【释义】国士，国中杰出的人物。指一国独一无二的人才。

【出处】汉·司马迁《史记·淮阴侯列传》："诸将易得耳，至如信者，国士无双。"秦朝末年，韩信因得不到项羽的重用而投奔刘邦，刘邦敷衍应付，韩信不辞而别。萧何月下追韩信，对刘邦说韩信是国士无双，刘邦拜其为大将。

【麻将词条】国士无双

又称"十三幺",国士无双牌型为非常规打法,必须门前清,由东、西、南、北、中、发、白,一万、九万,一索、九索,一筒、九筒,以及任意一张幺牌组成(也就是说所有十三种类型的幺九及字牌都有,其中一种是一对,其他各一张),若听牌时玩家已经持有这十三种幺九及字牌(每种各一张),则听的牌为这十三种牌的任何一张。国士无双允许抢暗杠。

【神话词条】宝莲灯

【释义】 又名《劈山救母》,讲述的是圣母与刘彦昌成婚,生下沉香。圣母之兄二郎神竟盗走宝莲灯将圣母压在华山之下。十五年后,沉香学得武艺劈山救母,宝莲灯重放光明。

【出处】 中国古代神话传说之一,并有多个戏剧改编而成的版本。

【麻将词条】九莲宝灯

又称"九连环""九门听",因可听牌九张而得名。构牌方式为:手牌是清一色"一一一二三四五六七八九九九",听任意一张同色牌,就是九莲宝灯。

【成语词条】八仙过海

【释义】 相传八仙过海时不用舟船,各有一套法术,后比喻各自拿出本领或办法,互相竞赛。

【出处】 明·无名氏《八仙过海》第二折:"则俺这八仙过海神通大,方显这众圣归山道法强,端的万古名扬。"

【麻将词条】八仙过海

"八筒""八索""八万""白板"各三张成刻①(或碰),"东"两张做将(因成之不易,也有的略作宽容,用南风做将也可)。白板谓之海,寓意"沧海茫茫,天各一方";"东"字牌即谓东海。八位仙人——汉钟离、张果老、吕洞宾、李铁拐、韩湘子、曹国舅、蓝采和、何仙姑,自然就由八字牌寓意了。

---

① 刻子是麻将的基础术语之一,意为三张同样的牌构成的牌型组合。

【成语词条】**万事俱备，只欠东风**

【释义】相传三国时曹操率大军南征，准备渡长江，周瑜制定了火攻曹军的计策，一切都准备好了，只差东风没有刮起来，无法放火。

【出处】元·罗贯中《三国演义》第四十九回："孔明索纸笔，屏退左右，密书十六字曰：'欲破曹公，宜用火攻，万事俱备，只欠东风。'"

【麻将词条】**万事(字)俱备，只欠(钓)东风**

四组牌由万字组成，且一至九万都有，最后必须是"单钓"东风和牌。此番种顾名思义，万字牌全都组合好，单等东风来和牌。它是混一色的一种特殊形式，成和此番种有两个难点：一是各种万字牌都不能少，二是最后必须单钓将东风成牌。

"万事俱备，只欠东风"麻将牌

【歇后语词条】**芝麻开花——节节高**

【释义】进入成熟期的芝麻，每开花一次，就拔高一节，接着再开花，再继续拔高。开花就意味着结果。所以，生活中人们用"芝麻开花——节节高"来形容好上加好，比喻学业日日有成、职位总在升迁等。

【出处】歇后语。

【麻将词条】**芝麻开花——节节高**

筒、索、万三色牌中有四组成刻(或碰)，其四组牌的数字必须相连。另一对将牌不限。如果是清一色牌的四组数字相连，则为"清四节"，混一色牌的四组数字相连，则为"混四节"，杂色牌的四组数字相连，则为"杂四节"。

【成语词条】**步步高升**

【释义】指职位不断上升。

【出处】清·吴趼人《二十年目睹之怪现状》第八十八回:"并且事成之后,大人步步高升,扶摇直上,还望大人栽培呢。"

【麻将词条】**步步高升**

筒、索、万三色牌有四组按"一二三""二三四""三四五""四五六"的规律组成,以此类推。另一对将牌不限。

【成语词条】**三人行必有我师**

【释义】三:虚数,泛指几个人。三(几)个人同行,其中必定有人可以作为我的老师。指应该不耻下问,虚心向别人学习。

【出处】《论语·述而》:"三人行,必有我师焉,择其善者而从之,其不善者而改之。"

【麻将词条】**三人行必有我师**

四组三张顺子牌里都有四(谐音"师"),必须是两张"红中"做将。如果是"红一色"(包含红中),计 80 分;杂色,计 40 分。

【成语词条】**万世师表**

【释义】万世:很多世代,非常久远。师表:表率。指值得永远学习的榜样。

【出处】西晋·陈寿《三国志·魏志·文帝纪》:"昔仲尼大圣之才,怀帝王之器……可谓命世之大圣,亿载之师表者也。"称赞孔子是千秋万代人们的表率。康熙皇帝亲自写了楷书的匾额"万世师表",下诏挂在孔庙大成殿梁上,从此,人们便称颂孔子是"万世师表"。

【麻将词条】**万世师表**

手牌中有一万、四索(谐音"四书")、白板做将(寓意师表)。

【成语词条】**三元及第**

【释义】同一个考生乡试得第一,称解元;会试也得第一,称会元;而殿试又得第一,称殿元,也就是状元,这叫三元及第。在中国历史上只有十五人获此殊荣。

【麻将词条】三元及第

"大三元":中、发、白各三张成刻(或碰),另一组和将牌不限。"小三元":中、发、白任何两组成刻(或碰),另两张做将。其他两组牌不限。

"三元及第"铜钱

【成语词条】四书五经

【释义】四书:《大学》《中庸》《论语》《孟子》的合称。五经:《易经》《尚书》《诗经》《礼记》《春秋》的合称。

【出处】南宋著名理学家朱熹将四书、五经合称"四书五经"。

【麻将词条】四书五经

手牌中有四索、五索、白板成刻(或碰出),其他不限;手牌中有四索、五索成刻(或碰出)、白板做将牌。

【成语词条】同心同德

【释义】心:思想。德:信念。指为同一个心愿、同一目的而努力。

【出处】《尚书·泰誓》:"受有亿兆夷人,离心离德。予有乱臣十人,同心同德。"

【麻将词条】同心同德

"大同心同德":四组牌中筒子(寓意同心)加白板(寓意清白人生的道德品格)成刻(或碰),将牌为筒子对,或七小对中六对为筒子,一对为白板。"小同心同德":四组牌中筒子成刻(或碰),将牌为白板对。

【成语词条】白手起家

【释义】白手:空手。起家:创建家业。形容原来没有基础或条件很差而创立起一番事业。

【出处】《朱子语类》卷一〇七:"今士大夫白屋起家,以致荣显。"

【麻将词条】白手起家

白板(象征白手)三张、发财(象征起家)三张成刻或碰出,其余不限。

【成语词条】百发百中

【释义】百:形容多。发:发射,也指射箭。中:正对上,恰恰合上。形容射箭或射击非常准,每次都命中目标;也比喻做事有充分把握,办事成功,决不落空。

【出处】《战国策·西周策》:"楚有养由基者,善射,去柳叶百步而射之,百发百中之。左右观者数千人,皆曰善射。"

【麻将词条】百发百中

白板(谐音百)三张、发财(发)三张、红中(中)三张成刻或碰出,一筒(象征靶心)两张做将牌。

【成语词条】一帆风顺

【释义】船挂着满帆,顺风行驶。比喻事情没有任何阻碍,十分顺利。

【出处】清·李宝嘉《官场现形记》:"从中进士至今,不上二三十年,就做到副宪,也算是一帆风顺了。"

【麻将词条】一帆风顺

白板(象征船帆)两张做将牌,东、南、西、北风中任一种或数种风成刻或碰出,其余不限。

【成语词条】**一年之计在于春**

【释义】计：计划，打算，或开始，出。指一年的计划要在春天考虑安排。比喻凡事要早做打算，开头就要抓紧；要在一年开始时多做并做好工作，为全年的工作打好基础。

【出处】南朝梁·萧绎《纂要》："一年之计在于春，一日之计在于晨。"

【麻将词条】**一年之计在于春**

幺鸡（谐音一年之计）三张成刻或碰出，春花牌一张，其余不限。

【成语词条】**得过且过**

【释义】得：能够。且：姑且。只要能够过得去，就这样过下去。形容胸无大志，没有长远打算；也指工作敷衍了事、不负责任。

【出处】元·无名氏《小孙屠》第四出："孩儿，我听得道你要出外打旋，怕家中得过且过，出去做甚的？"

【麻将词条】**得过且过**

幺鸡（代寒号虫）三个成刻或碰出，白板（象征冬天白雪茫茫，寒号虫变成光溜溜）三张成刻或碰出，花牌冬一张。

【成语词条】**鲲鹏展翅九万里（鹏程万里）**

【释义】比喻前程非常远大。

【出处】庄子《逍遥游·北冥有鱼》："北冥有鱼，其名曰鲲。鲲之大，不知其几千里也；化而为鸟，其名为鹏。鹏之背，不知其几千里也；怒而飞，其翼若垂天之云。是鸟也，海运则将徙于南冥。南冥者，天池也。齐谐者，志怪者也。谐之言曰：'鹏之徙于南冥也，水击三千里，抟扶摇而上者九万里，去以六月息者也。'"

【麻将词条】**鲲鹏展翅九万里（鹏程万里）**

幺鸡（指代大鹏鸟）成刻或碰出，九万（象征大鹏鸟飞跃九万里）成刻或碰出，南做将（寓意大鹏鸟飞往南方）。

【成语词条】万众一心

【释义】千万人一条心。形容团结一致。

【出处】《后汉书·朱㑺传》:"万人一心,犹不可当,况十万乎!"东汉末年爆发了黄巾起义,汉灵帝派朱㑺率军去镇压,朱㑺在城外堆了一个比城墙还高的山丘,对城内的情况了如指掌,用计攻下外城。义军将领韩忠要求和谈,朱㑺不同意和谈,同时也不急于攻城,害怕城内的军民万众一心不好对付。

【麻将词条】万众一心

一万(象征万众)三张成刻或碰出,一筒三张成刻或碰出,其余不限。如果该手牌中增加红中三张,寓意"中国人民万众一心"。

【成语词条】寿比南山

【释义】寓意寿命像终南山那样长久。用于祝人长寿。

【出处】《诗经·小雅·天保》:"如月之恒,如日之升,如南山之寿。"

【麻将词条】寿比南山

手牌每个顺子或坎或碰中都有九(寓意寿命长久)、南(指代南山)两张做将牌。

"寿比南山"铜钱　　　　　　　"福如东海"铜钱

【成语词条】**福如东海**

【释义】比喻人的福气像东海一样浩大。旧时祝颂用语。

【出处】明·柯丹邱《荆钗记·庆诞》:"齐祝赞,愿福如东海,寿比南山。"

【麻将词条】**福如东海**

手牌每个顺子或坎或碰中都有五(寓意五福临门)、东(指代东海)做将牌。

【成语词条】**有板有眼**

【释义】板、眼:民族音乐的节拍,每节中最强音叫板,其余叫眼。比喻言语行动有条理、有步调。

【出处】周立波《山那边人家》:"哭起来一数一落,有板有眼,好像唱歌,好听极了。"

【麻将词条】**有板有眼**

白板(象征板)三张成刻或碰出,二筒(象征眼)三张成刻或碰出,其余不限。

【成语词条】**凤毛麟角**

【释义】凤凰的羽毛,麒麟的角。比喻珍贵而稀少的人或物。

【出处】明·何良俊《四友斋丛说·文》:"康对山之文,天下慕向之,如凤毛麟角。"

【麻将词条】**凤毛麟角**

幺鸡(指代凤毛)三张成刻或碰出,一筒(零谐音麟,象征麟角)三张成刻或碰出,红中成对或成刻或碰出。

【成语词条】**风调雨顺**

【释义】调:调和。顺:适合需要。形容风雨适合农时;亦可喻指天下安宁(以气象借喻)。

【出处】晋·刘昫《旧唐书·礼仪志一》引《六韬》:"武王伐纣,雪深丈余……既而克殷,风调雨顺。"

【麻将词条】风调雨顺

东风、南风(象征风调)各三张成刻或碰出,其余为索子(指代雨顺)。

【成语词条】风雨同舟

【释义】舟:船。在狂风暴雨中同乘一条船,一起与风雨搏斗。比喻共同经历患难。

【出处】《孙子·九地》:"夫吴人与越人相恶也,当其同舟共济,遇风,其相救也如左右手。"

【麻将词条】风雨同舟

东、南、西、北风中任一种或数种风色(风)三张成刻或碰出,其余为索子(雨),白板(舟)两张做将牌。

【成语词条】自力更生

【释义】自力:自食其力。更生:再次获得生命,比喻振兴起来。指不依赖外力,靠自己的力量重新振作起来,把事情办好。

【出处】闻一多《组织民众与保卫大西南》:"我们人民能以自力更生的方式强起来了。"

【麻将词条】自力更生

不吃不碰自摸和牌。

【成语词条】鹤发童颜

【释义】仙鹤羽毛般雪白的头发,儿童般红润的面色。形容老年人气色好。

【出处】明·罗贯中《三国演义》第十五回:"(华佗)童颜鹤发,飘然有出世之姿。"

【麻将词条】鹤发童颜

幺鸡(指代仙鹤)三张成刻或碰出,发三张成刻或碰出,其余手牌为筒子(指代童颜)。

【成语词条】**画龙点睛**

【释义】原形容梁代画家张僧繇作画的神妙。后多比喻写文章或讲话时,在关键处用几句话点明实质,使内容生动有力。

【出处】唐·张彦远《历代名画记·张僧繇》:"金陵安乐寺四白龙不点眼睛,每云:'点睛即飞去。'人以为妄诞,固请点之。须臾,雷电破壁,两龙乘云腾去上天,二龙未点眼者见在。"

【麻将词条】**画龙点睛**

清一色一条龙(画龙),将牌为一筒两个(点睛)。清一色一条龙是指手牌均为同一花色(万子、索子、筒子中的一种)一条龙:手牌有"一二三""四五六""七八九"顺子各一。

【成语词条】**四方发财**

【释义】东、南、西、北四方面都发财,寓意财运亨通。

【出处】《礼记·大学》:"仁者以财发身,不仁者以身发财。"

【麻将词条】**四方发财**

东南西北各成刻,一对发财做将。

【成语词条】**五福临门**

【释义】五福:第一福是"长寿",第二福是"富贵",第三福是"康宁",第四福是"好德",第五福是"善终"。有人简称为寿、富、康、德、善五福降临家门。

【出处】五福临门中的五福源自《书经·洪范》:"一曰寿,二曰富,三曰康宁,四曰攸好德,五曰考终命。"然而由于避讳,东汉桓谭于《新论·辨惑第十三》中对"考终命"做了更改,把五福改为:寿、富、贵、安乐、子孙众多。

【麻将词条】**五福临门**

手牌中顺子、刻或碰都有"五"字牌(象征五福),白板做将牌(象征门)。

【俗语词条】六六大顺

【释义】心情顺、身体顺、家庭顺、事业顺、感情顺,寓意一切顺利。

【出处】《左传》:"君义,臣行,父慈,子孝,兄爱,弟敬,此数者累谓六顺也。"

【麻将词条】六六大顺

手牌(或吃牌)中都是顺子,每个顺子中都有一张"六"字牌,将牌也是"六"字牌。

【谚语条目】三百六十行,行行出状元

【释义】三百六十行是泛指,形容多;行行出状元是指每行中必有做得很好的。

【出处】在宋朝,有个叫叶元清的人被点为状元。叶元清骑着高头大马,得意扬扬地在街上走着。来到一个路口时,只见一个樵夫不避不让,照旧往前走,衙役们高喊让道,樵夫才停在路口说:"新科状元有什么了不起!如果我小时候能够上学,现在也是一个状元!"叶元清闻言大怒,喝道:"山村匹夫,如此不自量力!还是老老实实砍你的柴去吧!"樵夫不以为然地说:"天下学问多的是,就说砍柴吧,我想怎么砍就怎么砍,你能吗?"状元不信。樵夫拿过一块方木,在上面画了一条线,举起斧头往下一劈,正巧沿线劈开了木头。这时,又走过来一个卖油翁,嚷着说:"这有什么了不起,如果我是樵夫,我也能这样!"叶元清一听,就说:"好!我买你一斤九两油,但得用手倒。"卖油翁哈哈大笑,合出一个小瓶,又在瓶口放了一个铜板,拿起油桶便倒。只见油如同一根线一样落入钱眼中,称一称,一点不差。状元看了两人的表演,叹了口气说:"真是三十六行,行行出状元啊!"后来,人们又把三十六行改为三百六十行,就成了现在说的"三百六十行,行行出状元"。

【麻将词条】三百六十行,行行出状元

三张白板(谐音三百)、六索(谐音六十)成刻或碰出,红中(寓意状元)成刻或碰出,将牌必须是一筒、一索或一万,其他不限。

"三百六十行,行行出状元"麻将牌

【名句条目】**落霞与孤鹜齐飞**

【释义】阳光映射下的彩霞与野鸭一起飞翔。

【出处】唐·王勃:《滕王阁序》:"落霞与孤鹜齐飞,秋水共长天一色。"

【麻将词条】**落霞与孤鹜齐飞**

手牌中每个顺子或坎或碰都是万字(红色类落霞),幺鸡做将牌(孤鹜)。

【名句条目】**秋水共长天一色**

【释义】大雨后的江水显得异常的充盈,远远望去,江水似乎和天空连接在一起。

【出处】唐·王勃《滕王阁序》。

【麻将词条】**秋水共长天一色**

手牌中每个顺子或坎或碰都是索子(类似秋水),白板做将牌(长天)。

【成语词条】**青梅煮酒论英雄**

【释义】表示谈天论地,或对某人某事进行品评。

【出处】元·罗贯中《三国演义》。三国时,董承约会刘备等立盟除曹。刘备恐曹操生疑,每天浇水种菜;曹操闻知后,以青梅绽开,煮酒邀刘备宴饮,议论天下英雄。当曹操说"天下英雄,唯使君与操耳"时,刘备大惊失箸。时雷雨大作,刘备以胆小、怕雷掩饰而使曹操释疑,并请征剿袁术,借以脱身。

【麻将词条】**青梅煮酒论英雄**

五筒(筒子像青梅)、九索(谐音酒水)成刻或碰出,幺鸡(雄鸡寓意英雄）做将牌，其他不限。

【成语词条】尽忠报国（精忠报国）

【释义】为国家竭尽忠诚，牺牲一切。

【出处】《北史·颜之仪传》："公等备受朝恩，当尽忠报国。"《宋史·岳飞传》："初命何铸鞠之，飞裂裳以背示铸，有'尽忠报国'四大字，深入肤理。"

【麻将词条】尽忠报国（精忠报国）

红中四个（明杠或暗杠，谐音尽忠）、白板（寓意为国家清清白白）三张成刻或碰出，将牌为一筒（寓意一心一意）。

【成语词条】赤胆忠心

【释义】赤：比喻真纯。形容十分忠诚。

【出处】清·钱采《说岳全传》第 30 回："赤胆忠心扶社稷。"

【麻将词条】赤胆忠心

万字一色（寓意赤胆），红中三张（寓意忠心），均为红色牌。

【成语词条】万事大吉

【释义】大吉：很吉利。什么事都很圆满顺利。

【出处】宋·释惟白《续传灯录·明州大梅祖镜地英禅师》："岁朝把笔，万事大吉，急急如律令。"

【麻将词条】万事大吉

万字大牌（五万至九万皆可）与幺鸡三张成刻或碰出，其他不限。

【成语词条】中流砥柱

【释义】就像屹立在黄河急流中的砥柱山一样。比喻坚强独立的人能在动荡艰难的环境中起支柱作用。

【出处】《晏子春秋·谏下》："吾尝从君济于河，鼋衔左骖，以入砥柱之中流。"

【麻将词条】**中流砥柱**

红中(象征激流中砥柱)三张、九索三张成刻或碰(寓意流水),其他不限。

【成语词条】**君子爱财,取之有道**

【释义】君子:有才德的人。君子喜欢从正道得到的财物,不要不义之财。

【出处】高阳《胡雪岩全传》上册:"君子爱财,取之有道,该当你老夫子的,自然当仁不让。"

【麻将词条】**君子爱财,取之有道**

百搭(谐音八德)牌三张(象征君子),发(寓意发财)三张,不吃不碰,自摸和牌(象征取之有道)。

【诗词条目】**两个黄鹂鸣翠柳**

【释义】两只黄鹂在柳枝上鸣叫。

【出处】唐·杜甫《绝句》:"两个黄鹂鸣翠柳,一行白鹭上青天。窗含西岭千秋雪,门泊东吴万里船。"

【麻将词条】**两个黄鹂鸣翠柳**

索子清一色(象征翠柳),幺鸡两个做将(象征两个黄鹂)。

【诗词条目】**一行白鹭上青天**

【释义】一群白鹭排成一行在蓝天上飞翔。

【出处】唐·杜甫《绝句》。

【麻将词条】**一行白鹭上青天**

幺鸡三张(象征一行白鹭)、白板三张(象征青天),索子混一色。

【诗词条目】**窗含西岭千秋雪**

【释义】从窗户外可以看到西岭(岷山)上终年不化的积雪。

【出处】唐·杜甫《绝句》。

【麻将词条】**窗含西岭千秋雪**

西风三张（象征西岭），白板三张（象征千秋雪）。

【诗词条目】**门泊东吴万里船**

【释义】门前停泊的是将要驶往万里之外东吴的船。

【出处】唐·杜甫《绝句》。

【麻将词条】**门泊东吴万里船**

东风三张（象征东吴）、白板三张（象征万里船）。

【成语词条】**连中三元**

【释义】指接连在乡试、会试、殿试中考中了第一名。

【出处】明·冯梦龙《警世通言》卷十八："论他的志气，便象冯京商辂连中三元，也只算他便袋里东西，真个是足蹑风云，气冲斗牛。"

【麻将词条】**连中三元**

红中、白板、发财各三张成刻或碰出，幺鸡、一筒或一万均可以做将和牌。中、发、白称作三元，所谓连中三元，即指和牌中有中、发、白组成的三刻牌，幺鸡、一筒或一万做将，寓意取得第一名。无论明刻还是暗刻，中、发、白都要成刻是很不容易的；当然，暗刻就更不容易。故"连中三元"在麻将牌中算得上是一副高雅的番品。如果"三元"都成杠，那就更加难得。

【成语词条】**麻雀虽小，五脏俱全**

【释义】比喻事物体积或规模虽小，具备的内容却很齐全。

【出处】钱锺书《围城》："'麻雀虽小，五脏俱全。'机器当然应有尽有，就是不大牢。"

【麻将词条】**麻雀虽小，五脏俱全**

五筒、五索、五万成刻或碰出幺鸡做将和牌。五筒、五索、五万寓意五脏俱全，幺鸡为麻雀。

【成语词条】**鸿运当头**

【释义】鸿运当头，一种凤梨科的花卉，花蕊鲜红，表示好运。

【麻将词条】**鸿运当头**

万字一色，红中两张做将牌。

【成语词条】**运用之妙，存乎一心**

【释义】摆好阵势以后出战，这是打仗的常规，但运用得巧妙灵活，全在于善于思考。指高超的指挥作战的艺术。

【出处】《宋史·岳飞传》记载，岳飞对宗泽说："阵而后战，兵法之常，运用之妙，存乎一心。"

【麻将词条】**运用之妙，存乎一心**

十三不搭（象征化腐朽为神奇的运用之妙），一筒（象征一心）做将牌。

【成语词条】**月白风清**

【释义】月光皎洁，微风凉爽。形容恬静美好的夜景。

【出处】宋·苏轼《后赤壁赋》："有客无酒，有酒无肴，月白风，如此良夜何？"

【麻将词条】**月白风清**

一筒（象征月亮）三张成刻或碰出，白板（含义白）三张成刻或碰出，东风或南风做将。

【乐曲条目】**二泉映月**

【释义】中国民间二胡音乐家华彦钧（阿炳）的代表作。这首乐曲自始至终流露的是一位饱尝人间辛酸和痛苦的盲艺人的思绪情感。作品展示了独特的民间演奏技巧与风格，以及无与伦比的深邃意境，显示了中国二胡艺术的独特魅力，它拓宽了二胡艺术的表现力，获"20世纪华人音乐经典作品奖"。

【出处】民间二胡乐曲。

【麻将词条】二泉映月

手牌中有二筒、二万、二索（指代二泉）组合成三个坎或碰出，单吊将牌一筒（象征月亮）和牌，其他组牌不限。

【成语词条】十全十美

【释义】十分完美，毫无欠缺，没有瑕疵。

【出处】清·陈朗《雪月梅传》："贤侄出门也得放心，岂不是十全十美。"

【麻将词条】十全十美

无搭清一色、一条龙，门清、自摸和牌。即手牌均为同一花色（万子、索子、筒子中的一种）一条龙。手牌有"一二三""四五六""七八九"顺子各一。

【成语词条】清一色

【释义】原指打麻将时由一种花色组成的一副牌，后比喻全部由同一种成分构成。

【出处】清·李宝嘉《官场现形记》第二十九回："而且他（佘小观）赌品甚高，输得越多心越定，脸上神色丝毫不动。又欢喜做'清一色'，所以同赌的人更拿他当财神看待。"

【麻将词条】清一色

万子、索子或筒子清一色。

【成语词条】混一色

【释义】一色牌和字牌的组合。

【出处】混一色是麻将的一种和牌形式。国标麻将中为 6 番。

【麻将词条】混一色

万子、筒子、条子中的一种与字牌等结合在一起就是混一色。

【成语词条】无所不在

【释义】到处都存在，到处都有。

【出处】宋·张君房《云笈七签》第四十四卷："或存太一在兆左右,坐卧背向无所不在也。"

【麻将词条】**无所不在**

索子一色,手牌中有一、二、三、四、六、七、八、九索,独缺五索(谐音无所不在)。

【成语词条】**海底捞月**

【释义】到水中去捞月亮。比喻去做根本做不到的事,只能白费力气。

【出处】唐·释元觉《永嘉证道歌》："镜里看形见不难,水中捉月争拈得?"

【麻将词条】**海底捞月**

自摸牌墙上最后一张牌(俗称"海底牌")和牌。

【成语词条】**大海捞针**

【释义】在大海底找针。比喻极难找到。

【出处】元·吴昌龄《二郎收猪八戒》第三折："俊儿夫似海内寻针,姻缘事在天数临,无缘分怎的消任?直耽搁到如今。"

【麻将词条】**大海捞针(海底捞鱼)**

摸到海底牌的人不和,又将牌打出,另一人恰好和这张牌。

【吉祥图案】**花开富贵**

【释义】中国传统吉祥图案之一,代表了人们对美满幸福生活、富有和高贵的向往。

【出处】花开富贵图里有时会看到蝙蝠,因为蝙蝠的"蝠"和"富"谐音。这里的花一般指牡丹。清代赵世学在《牡丹富贵说》中说："牡丹有王者之号,冠万花之首,驰四海之名,终且以富贵称之。夫既称呼富贵,拟以清洁之莲,而未合也;律以隐逸之菊,而未宜也。甚矣,富贵之所以独牡丹也。"

【麻将词条】花开富贵

五筒(象征花)三张、发财(象征富)三张、红中(象征贵)三张。

【成语词条】竹报平安

【释义】指平安家信。竹报:旧时家信的别称。

【出处】唐·段成式《酉阳杂俎续集·支植下》:"北都惟童子寺有竹一窠,才长数尺,相传其寺纲维每日报竹平安。"花开富贵与竹报平安为一组。意为:平安保佑积善之门,富贵常临忠厚之家。

【麻将词条】竹报平安

二索、白板成刻或碰出,其他不限。二索象征竹子,白板象征平安。

【成语词条】双喜临门

【释义】两件喜事一齐到来。

【出处】清·李绿园《歧路灯》第二十七回:"你屋里恭喜了,大相公也喜了。一天生的,真正双喜临门。"

【麻将词条】双喜临门

幺鸡两张(象征双喜),白板三张(象征临门),其他不限。

【成语词条】百花齐放

【释义】百花:泛指各种花卉。齐:同时。千百种花同时开放,争相斗艳。形容百花盛开,丰富多彩。常常用来比喻各种不同艺术形式和风格的自由发展,也形容艺术界的繁荣景象。

【出处】清·李汝珍《镜花缘》第三回:"百花仙子只顾在此著棋,那知下界帝王忽有御旨命他百花齐放。"

【麻将词条】百花齐放

白板(谐音百)成刻或碰出,五筒(象征花)成刻或碰出,其他不限。

【成语词条】两袖清风

【释义】两袖中除清风外,别无所有。比喻做官廉洁;也比喻穷得一无所有。现多比喻为官清廉、严于律己、不贪赃枉法的人。

【出处】元·陈基《次韵吴江道中》诗:"两袖清风身欲飘,杖藜随月步长桥。"元·魏初《送杨季海》诗:"父亲零落鬓如丝,两袖清风一束诗。"

【麻将词条】**两袖清风**

两索(象征两袖)成刻或碰出,白板(象征清风)三张。

【成语词条】**洁身自好**

【释义】洁:纯洁。好:喜爱。指保持自己纯洁,不同流合污;也指怕招惹是非,只顾自己好,不关心公众的利益。

【出处】《孟子·万章上》:"归洁其身而已矣。"

【麻将词条】**洁身自好**

白板(象征洁身)三张成刻,不碰自摸和牌。

【诗词条目】**一江春水向东流**

【释义】春天时节长江之水长流不断,无穷无尽。

【出处】南唐·李煜《虞美人》诗:"问君能有几多愁?恰似一江春水向东流。"

【麻将词条】**一江春水向东流**

索子混一色,东风做将。索子寓意春水,东风意为向东流。

【诗词条目】**留取丹心照汗青**

【释义】把一片赤诚之心长留人间,光照历史。

【出处】南宋·文天祥《过零丁洋》诗:"辛苦遭逢起一经,干戈寥落四周星。山河破碎风飘絮,身世浮沉雨打萍。惶恐滩头说惶恐,零丁洋里叹零丁。人生自古谁无死,留取丹心照汗青。"

【麻将词条】**留取丹心照汗青**

万字混一色,红中、白板成刻或碰出。红色牌代表丹心,白板象征汗青(史册)。

【成语词条】精卫填海

【释义】精卫:古代神话中的鸟名。精卫衔来木石,决心填平大海。旧时比喻仇恨极深,立志报复;后比喻意志坚决,不畏艰难。

【出处】《山海经·北三经》:"炎帝之少女名曰女娃。女娃游于东海,溺而不返,故为精卫,常衔西山之木石,以堙于东海。"

【麻将词条】精卫填海

幺鸡、一筒、西风成刻或碰出,东风做将和牌。幺鸡指代精卫鸟,一筒指代石子,西风指代西山,东风指代东海。

【俗语词条】七星聚义

【释义】七星是晁盖梦中的北斗七星,分别指代托塔天王晁盖、天机星智多星吴用、天闲星入云龙公孙胜、天异星赤发鬼刘唐、天剑星立地太岁阮小二、天罪星短命二郎阮小五、天败星活阎罗阮小七,星下一点是地耗星白日鼠白胜,七人聚义劫取了生辰纲。

【出处】明·施耐庵《水浒传》。

【麻将词条】七星聚义

十三不搭中字牌东、南、西、北、中、发、白七张都有,其他不限。

【俗语词条】武大郎卖炊饼

【释义】武大郎与潘金莲开的夫妻店,经营的主要项目就是炊饼。如今很多城市大街小巷都会看到"武大郎"挑着担子沿街叫卖。

【出处】明·施耐庵《水浒传》。

【麻将词条】武大郎卖炊饼

四组牌中都有五,必须是两张"一筒"做将牌。五谐音武,指代武大郎,一筒象征炊饼。

【成语词条】三顾茅庐

【释义】顾:拜访。茅庐:草房。比喻真心诚意,一再邀请、拜访有专长的贤人。

【出处】三国蜀·诸葛亮《出师表》："先帝不以臣卑鄙,猥自枉屈,三顾臣于草庐之中。"

【麻将词条】**三顾茅庐**

三索、白板、一筒成刻或碰出,其他不限。三索象征三次光顾,白板象征贫寒的茅庐,一筒象征诸葛亮。

【成语词条】**七擒孟获**

【释义】比喻运用策略,使对方心服。

【出处】《三国演义》中的经典情节。历史事件则是公元 225 年,西南少数民族首领孟获起兵反叛,蜀汉丞相诸葛亮发兵征抚,采取攻心策略,七次生擒孟获,七次放还,使之心悦诚服,归顺蜀汉。

【麻将词条】**七擒孟获**

七索、幺鸡成刻或碰出,单吊南风做将。七索象征七次,幺鸡象征擒拿(禽谐音擒),南指南人孟获。

【成语词条】**西天取经**

【释义】指唐僧、孙悟空、猪八戒、沙僧师徒四人历尽艰险,前往西天求取真经的故事。现多比喻向别人学习先进经验。

【出处】明·吴承恩《西游记》。

【麻将词条】**西天取经**

东风、西风、白板成刻或碰出,九索做将和牌。东风指代从东土大唐出发的唐僧师徒,西风指代西天,白板象征经书,索有索取的含义,两个九相乘刚好是八十一,寓意西天取经要历经八十一难。

【故事条目】**三打白骨精**

【释义】孙悟空用金箍棒三打白骨精。

【出处】明·吴承恩《西游记》。

【麻将词条】**三打白骨精**

三索三张成刻,白板三张成刻或碰出,自摸门前清。三索象征孙悟空用金箍棒三打妖精,白板象征白骨精。

【成语词条】金陵十二钗

【释义】金陵十二钗正册:林黛玉、薛宝钗、贾元春、贾探春、史湘云、妙玉、贾迎春、贾惜春、王熙凤、贾巧、李纨、秦可卿。金陵十二钗副册:甄香菱、薛宝琴、尤二姐、尤三姐、邢岫烟、李纹、李绮、夏金桂、秋桐、林红玉、龄官、娇杏。金陵十二钗又副册:晴雯、花袭人、平儿、金鸳鸯、黄金莺、紫鹃、白玉钏、白金钏、司棋、麝月、彩云、芳官。

【出处】清·曹雪芹《红楼梦》。

【麻将词条】金陵十二钗

十三不搭南风做将牌,单吊和牌。十三不搭减去将牌南风,象征十二钗,南即南京(旧称金陵)的简称。

"金陵十二钗"麻将牌

【成语词条】红楼一梦终成空

【释义】红楼一梦终成空,恰如烟柳醉春风。贾府经常大办宴席,请客喝酒唱戏,花钱如流水,从不知节约为重。在贾元春省亲时,修建了富丽堂皇的大观园。连身居皇宫的贾妃也不禁默默叹息奢华过度,走时反复叮嘱:"倘明年天恩仍许归省,万不可如此奢华靡费了!"

【出处】清·曹雪芹《红楼梦》。

【麻将词条】红楼一梦终成空

红字一色,白板做将。

【成语词条】平起平坐

【释义】比喻彼此地位或权力平等。

【出处】清·吴敬梓《儒林外史》第三回:"你若同他拱手作揖,平起平坐,这就坏了学校规矩。"

【麻将词条】**平起平坐**

手牌是由一种花色的两副相同的顺子组成的牌。

【成语词条】**妙手回春**

【释义】回春:使春天重返。形容医生的医术高明,可以使病人起死回生。也用来形容某人的能力很强,其能力使事情发生了根本的变化,向好的方向发展。

【出处】清·李宝嘉《官场现形记》第二十回:"但是药铺门里门外,足足挂着二三十块匾额:什么'功同良相',什么'扁鹊复生',什么'妙手回春'……"

【麻将词条】**妙手回春**

自摸牌墙上本人最后一张牌和牌(不一定是海底牌,若自摸海底牌可就高算海底捞月)。

【诗词条目】**任尔东西南北风**

【释义】随那东南西北风猛刮,也吹不倒它。

【出处】清·郑燮《竹石》:"咬定青山不放松,立根原在破岩中。千磨万击还坚劲,任尔东西南北风。"

【麻将词条】**任尔东西南北风(大四喜)**

由四副风刻(杠)组成的和牌。不计圈风刻、门风刻、三风刻、碰碰和。

【成语词条】**绝处逢生**

【释义】绝处:死路。形容在走投无路的情况下,又找到了希望与出路。

【出处】明·冯梦龙《喻世明言》:"喜得绝处逢生,遇着一个老者携杖而来。"

【麻将词条】**绝处逢生(和绝张)**

和牌池、桌面已亮明的三张牌所剩的第四张牌(抢杠和不算和绝张)。

【成语词条】旭日东升

【释义】旭日:初升的太阳。早上太阳从东方升起。形容朝气蓬勃的气象。

【出处】《诗经·邶风·匏有苦叶》:"缢缢鸣雁,旭日始旦。"

【麻将词条】旭日东升

一筒三张成刻或碰出,东风三张成刻或碰出,其余手牌为万子或万子与红中。一筒象征旭日,东风指代东升。

【成语词条】武二郎醉打蒋门神

【释义】武松被发配至孟州,受到施恩厚待。施恩为了结交天下英雄,开了一家酒馆,名为"快活林",但被当地恶霸蒋门神夺去。施恩求助于武松,武松饮了酒,乘醉怒打蒋门神,夺回了"快活林"。

【出处】明·施耐庵《水浒传》。

【麻将词条】武二郎醉打蒋门神

二筒三张成刻或碰出,红中三张成刻或碰出,白板三张成刻或碰出,其他不限。二筒指代武二郎(武松排行第二),红中表示打中,白板像门,指代蒋门神。

【词语词条】万物负阴而抱阳

【释义】万物背阴而向阳,并且在阴阳二气的互相激荡中生成新的和谐体。

【出处】老子《道德经》。

【麻将词条】万物负阴而抱阳

万子(指代万物)三张成刻或碰出,幺鸡(象征阳)三张成刻或碰出,一筒(象征阴)三张成刻或碰出,其他不限。

【成语词条】天圆地方,道在中央

【释义】反映了古代科学对宇宙的认识。

【出处】西汉·刘安《淮南子·天文训》:"天圆地方,道在中央。"

【麻将词条】天圆地方,道在中央

一筒(象征天圆)成刻或碰出,白板(象征地方)成刻或碰出,红中(象征道在中央)成刻或碰出,其他不限。

【成语词条】一清二白

【释义】比喻清楚、明白。

【出处】清·李绿园《歧路灯》:"贾李魁道:'王紫泥、张绳祖他俩个,现在二门外看审官司哩。老爷只叫这二个到案,便一清二白。'"

【麻将词条】一清二白

清一色,白板二张做将。清一色象征一清,白板二张象征二白。

【文物词条】四库全书

【释义】全称《钦定四库全书》,是清代乾隆时期编修的大型丛书。在清高宗乾隆帝的主持下,由纪昀等 360 多位高官、学者编撰,3800 多人抄写,耗时 13 年编成。分经、史、子、集四部,故名"四库"。据文津阁藏本,共收录 3462 种图书,共计 79338 卷(相当于《永乐大典》的 3.5 倍),3.6 万余册,约 8 亿字。

【出处】《四库全书》是中国古代最大的文化工程,对中国古典文化进行了一次最系统、最全面的总结,呈现出了中国古典文化的知识体系。《四库全书》可以称为中华传统文化最丰富、最完备的集成之作。中国文、史、哲、理、工、农、医,几乎所有的学科都能够从中找到源头和血脉。

【麻将词条】四库全书

四筒、四索、四万成刻或碰出,白板做将和牌。四筒、四索、四万成刻或碰出代表四库全书,白板形同书籍。

【成语词条】闻鸡起舞

【释义】听到鸡叫就起来舞剑。比喻有志报国的人及时奋起。

【出处】《晋书·祖逖传》:"中夜闻荒鸡鸣,蹴琨觉曰:'此非恶声也。'

因起舞。"

　　【麻将词条】闻鸡起舞

　　幺鸡三张成刻或碰出,五筒(谐音舞动)三张成刻或碰出,其他不限。

　　【成语词条】鸟语花香

　　【释义】鸟鸣叫,花喷香。形容春天的美好景象。

　　【出处】宋・吕本中《庵居》诗:"鸟语花香变夕阴,稍闲复恐病相寻。"

　　【麻将词条】鸟语花香(同喜鹊登梅)

　　幺鸡(指代各种鸟)成刻或碰出,五筒(象征花)成刻或碰出,其余不限。

　　【成语词条】和为贵

　　【释义】贵在能够和顺。

　　【出处】《论语・学而》:"礼之用,和为贵。"意思是,礼的作用,贵在能够和顺。

　　【麻将词条】和为贵(即平和)

　　由四副顺子及序数牌做将组成的和牌,不吃不碰无搭自摸。

　　【成语词条】五彩斑斓

　　【释义】五彩:青、黄、赤、白、黑五色。斑斓:色彩错杂灿烂的样子。形容色彩相当丰富,颜色繁多而耀眼。

　　【出处】路遥《平凡的世界》:"黑色的枝杈,红色的枣子,黄绿相间的树叶,五彩斑斓,迷人极了。"

　　【麻将词条】五彩斑斓

　　五筒三张成刻或碰出,五索三张成刻或碰出,五万三张成刻或碰出,其他为杂色牌。

　　【成语词条】击鼓骂曹

　　【释义】三国时期祢衡裸身击鼓对汉贼曹操的讽刺和辱骂。

　　【出处】《击鼓骂曹》是京剧老生传统剧目,取材于《三国演义》第二十三回"祢正平裸衣骂贼"。名士祢衡被孔融推荐给曹操,曹对其轻慢,用鼓吏来羞辱他。祢衡当着满朝文武大骂曹操,并借击鼓发泄愤怒。

【麻将词条】**击鼓骂曹**

白板(象征"白脸曹操")三张成刻或碰出,一筒(象征鼓)三张成刻或碰出,二索两张(象征击鼓棒)做将牌。

【成语词条】**东窗事发**

【释义】原指秦桧与其妻王氏在东窗下密谋陷害岳飞一事败露。现比喻阴谋败露,自食恶果。

【出处】明·田汝成《西湖游览志余》卷四《佞幸盘荒》:"桧之欲杀岳飞也,于东窗下与妻王氏谋之……桧曰:'可烦传语夫人,东窗事发矣。'"

【麻将词条】**东窗事发**

东风、白板三张成刻或碰出,发财两张做将牌。

【成语词条】**天人合一**

【释义】有两层意思:一是天人一致,宇宙自然是大天地,人则是一个小天地;二是天人相应,或天人相通。是说人和自然在本质上是相通的,故一切人事均应顺乎自然规律,达到人与自然的和谐。

【出处】"天人合一"的思想观念最早是由庄子阐述的,后被汉代思想家、阴阳家董仲舒发展为天人合一的哲学思想体系,并由此构建了中华传统文化的主体。

【麻将词条】**天人合一(即天和)**

庄家起手便已经和牌,称之为天和,寓意天人合一。

【成语词条】**地不爱宝**

【释义】爱:吝惜。大地不吝啬它的宝藏。

【出处】《礼记·礼运》:"故天不爱其道,地不爱其宝,人不爱其情。"

【麻将词条】**地不爱宝(即地和)**

闲家起手配牌便听牌,所有人补完花牌后,庄家打出第一张牌时便

"和牌",算庄家点炮。

　　【成语词条】**丹凤朝阳**

　　【释义】传统吉祥图案,比喻贤才逢明时。

　　【出处】《诗经·大雅·卷阿》:"凤凰鸣矣,于彼高冈。梧桐生矣,于彼朝阳。"

　　【麻将词条】**丹凤朝阳**

　　幺鸡、一筒成刻或碰出,红中做将。幺鸡象征丹凤,一筒象征朝阳,红中象征高中,人才被录用。

　　【成语词条】**鹤鸣九皋**

　　【释义】九皋:深泽。鹤鸣于湖泽的深处,它的声音很远都能听见。比喻贤士身隐名著。

　　【出处】《诗经·小雅·鹤鸣》:"鹤鸣于九皋,声闻于野。"

　　【麻将词条】**鹤鸣九皋**

　　手牌中幺鸡与九筒成刻或碰出。幺鸡象征仙鹤,九筒象征九皋。

　　【诗词条目】**春风又绿江南岸**

　　【释义】春风又把江南大地吹绿了。

　　【出处】北宋·王安石诗《泊船瓜洲》:"京口瓜洲一水间,钟山只隔数重山。春风又绿江南岸,明月何时照我还。"

　　【麻将词条】**春风又绿江南岸**

　　东、南风加上绿一色(绿色索子一色)和牌。东、南风象征春风,南又有江南岸之意,绿一色(绿色索子一色)指代绿。

　　【成语词条】**五世同堂**

　　【释义】一家人同时有五代在世,生活在一起不分家,是人生幸福美满、享受天伦之乐的典范。祖孙五代:高祖、曾祖、祖父、父亲、自己或自己往下的儿子、孙子、曾孙、玄孙。

【出处】《皇朝通典》："乾隆五年,命妇索绰罗氏,年一百三岁,其子孙五世同堂,寿万节,扶掖入朝,照例旌表,加恩赏赐,而御做诗章赐之。"

【麻将词条】**五世同堂**

五万、五索、五筒成刻或碰出,发做将和牌(寓意子孙繁衍)。

【成语词条】**万里长城**

【释义】长城,是不同时期的古代中国为抵御不同时期的塞北游牧部落联盟侵袭而修筑的规模浩大的军事工程的统称,东西绵延上万里,因此又称作万里长城。比喻国家所依赖的大将;现也比喻人民的军队。

【出处】长城是我国古代劳动人民创造的最伟大的奇迹,是中国悠久历史的见证,与天安门、秦始皇兵马俑一起被世人视为中国的象征。

【麻将词条】**万里长城**

万字混一色,白板成刻或碰出,红中做将牌。万字一色象征万里长城,白板象征长城的关隘,红中象征中国。

【成语词条】**五湖四海**

【释义】五湖:我国的几个大湖,说法不一,一般指洞庭湖、鄱阳湖、巢湖、太湖、洪泽湖。四海:东海、西海(现今的黄海)、南海、北海(现今的渤海)。五湖四海指全国各地,有时也指世界各地。

【出处】《周礼·夏官·职方氏》:"其浸五湖。"《论语·颜渊》:"四海之内,皆兄弟也。"唐·吕岩《绝句》:"斗笠为帆扇作舟,五湖四海任遨游。"

【麻将词条】**五湖四海**

十三不搭中有五筒、东、西、南、北五张牌,其他不限。五筒象征五湖,东、西、南、北象征四海。五筒、东、西、南、北五张牌分别成为七小对的五对牌也可以。

【文物词条】**五星出东方利中国**

【释义】汉代织锦护臂,为国家一级文物,中国首批禁止出国(境)展览文物。

【出处】1995 年 10 月,中日尼雅遗址学术考察队成员在新疆和田地区民丰县尼雅遗址一处古墓中发现该织锦。被誉为 20 世纪中国考古学最伟大的发现之一。现收藏于新疆博物馆。该织锦呈圆角长方形,长 18.5 厘米,宽 12.5 厘米,用"五星出东方利中国"织锦为面料,边上用白绢镶边,两个长边上各缝缀有 3 条长约 21.0 厘米、宽 1.5 厘米的白色绢带,其中 3 条残断。织有 8 个篆体汉字:五星出东方利中国。

【麻将词条】**五星出东方利中国**

五筒、东、发成刻或碰出,红中做将和牌。五筒指代五星,东指代东方,发表示有利、大发,红中代表中国。

【成语词条】**名贯九州**

【释义】九州:中国古代的称呼,现在指代中国。贯:贯穿。名气大得贯穿整个中国,形容很有名。

【出处】九州,又名汉地、中土、神州、十二州,最早出现在先秦典籍《尚书·禹贡》中。相传大禹治水时,把"天下"分为九州,自战国起九州即成为古代中国的代称,而自汉朝起成为汉族地区的代称,又称"汉地九州"。

【麻将词条】**名贯九州**

九筒、九索、九万成刻或碰出,红中做将和牌。九筒、九索、九万象征九州,红中指代中国。

【成语词条】**慧眼识英雄**

【释义】慧眼,佛教所说的"五眼"之一,今泛指敏锐的眼力。称赞人善于识别人才。

【出处】萧何月下追韩信;刘备三请诸葛亮。

【麻将词条】**慧眼识英雄**

三筒、红中成刻或碰出,幺鸡做将和牌。三筒象征高人具有开天目的慧眼,红中是看中,幺鸡是英雄。

二、爱情麻将说

【成语词条】**青梅竹马**

【释义】青梅:青色未成熟的梅子。竹马:儿童以竹竿当马骑。形容小儿女天真无邪一起玩耍游戏的样子。后以"青梅竹马"形容男女儿童之间两小无猜的情状,或者借指自幼相好的青年男女。

【出处】唐·李白《长干行》:"郎骑竹马来,绕床弄青梅。同居长干里,两小无嫌猜。"

【麻将词条】**青梅竹马**

五筒、二索成刻或碰出,幺鸡一对做将牌(自摸非单吊,寓意自幼相好),其他不限。五筒象征青梅,二索象征竹马。

【戏曲词条】**宝黛初会**

【释义】贾宝玉和林黛玉初次相会。

【出处】清·曹雪芹《红楼梦》。

【麻将词条】**宝黛初会**

幺鸡、一筒成刻或碰出,白板做将。幺鸡、一筒象征宝玉、黛玉这对少男少女,白板象征大观园,是宝黛初次会面的地方。

【戏曲词条】三载同窗情似海

【释义】东晋时,浙江上虞祝家有一女祝英台,女扮男装到杭州游学,途中遇到一同前来的同学梁山伯,两人便相偕同行。同窗三年,感情深厚,但梁山伯始终不知祝英台是女儿身。后来祝英台中断学业返回家乡。梁山伯到上虞拜访祝英台时,才知道三年同窗的好友竟是女儿身,欲向祝家提亲,此时祝英台已许配给马文才。之后,梁山伯在鄞县当县令时,因过度郁闷而过世。祝英台出嫁时,经过梁山伯的坟墓,突然狂风大起,阻碍迎亲队伍的前进,祝英台下花轿到梁山伯的墓前祭拜,梁山伯的坟墓塌陷裂开,祝英台投入坟中,其后坟中冒出一对彩蝶,双双飞去,离开了尘世。

【出处】越剧《梁祝·十八相送》。《梁山伯与祝英台》与《白蛇传》《孟姜女》《牛郎织女》并称中国古代四大民间传说。其中,梁祝传说是中国最具魅力的口头传承艺术,也是唯一在世界上产生广泛影响的中国汉族民间传说。梁祝故事在民间流传已有近 1500 年,可谓家喻户晓,被誉为爱情的千古绝唱。从古到今,有无数人被梁山伯与祝英台的悲惨爱情所感染。《梁山伯与祝英台》与《罗密欧与朱丽叶》齐名。

【麻将词条】三载同窗情似海

三筒、白板成刻或碰出,幺鸡做将牌。三筒象征同学三年,白板象征窗户,幺鸡一对象征彩蝶比翼齐飞。

【戏曲词条】(红娘)待月西厢下

【释义】指情人私相约会。

【出处】唐·元稹《月明三五夜》诗:"待月西厢下,迎风户半开。拂墙花影动,疑是玉人来。"传说唐朝时莺莺看上寄宿的张生,她背着母亲想约张生夜间在花园幽会,但自己不好亲自去跟他讲,就在扇上题诗《月明三五夜》,托丫环红娘送去,是夜遂成好事。

【麻将词条】(红娘)待月西厢下

红中、西风成刻或碰出,单吊将牌一筒和牌。红中(红色中介,象征红娘),西风指代西厢,一筒象征月亮。如果是幺鸡三张代替红中,就成为

"(莺莺)待月西厢下"。如果没有红中,就转变成单纯的"待月西厢下"。

【成语词条】**花好月圆**

【释义】花盛开,月正圆。比喻美好的团聚。也比喻美好姻缘,常用于祝贺新婚。

【出处】宋·晁端礼《行香子·别恨》:"莫思身外,且逗尊前,愿花长好,人长健,月长圆。"

【麻将词条】**花好月圆**

手牌中梅、兰、菊三种花色都齐全,一筒成刻(或碰),其他不限。

【成语词条】**龙凤呈祥**

【释义】在中国传统理念里,龙和凤代表着吉祥如意,龙凤一起使用多表示喜庆之事。

【出处】汉·孔鲋《孔丛子·记问》:"天子布德,将致太平,则麟凤龟龙先为之呈祥。"

【麻将词条】**龙凤呈祥**

索子清一色一条龙,幺鸡(象征凤)做将牌。

【成语词条】**喜鹊登梅(喜上眉梢)**

【释义】寓意吉祥、喜庆、好运的到来。喜上眉梢是指喜悦的心情从眉眼上表现出来。

【出处】喜鹊登梅是中国传统吉祥图案之一,梅花是春天的使者,喜鹊是好运与福气的象征。在民间传说中,七夕这一天,人间所有的喜鹊会飞上天河,搭起一道鹊桥让牛郎和织女相见。因此,喜鹊登梅寓意吉祥、喜庆、好运的到来。

【麻将词条】**喜鹊登梅(喜上眉梢)**

幺鸡(指代喜鹊)、五筒(象征梅花)成刻或碰出,其他不限。

【成语词条】**比翼齐飞**

【释义】比翼:翅膀挨着翅膀。齐飞:成双地并飞。比喻夫妻情投意合,像比翼鸟那样形影不离,一起飞翔。

【出处】晋·陆机《拟西北有高楼》:"不怨伫立久,但愿歌者欢。思驾归鸿羽,比翼双飞翰。"

【麻将词条】**比翼齐飞**

七小对牌中必须有一对是幺鸡(寓意比翼鸟)。

【成语词条】**志同道合**

【释义】志趣相同,意见一致。

【出处】宋·陈亮《与吕伯恭正字书》之二:"天下事常出于人意料之外,志同道合,便能引其类。"

【麻将词条】**志同道合**

筒子一色含"一般高"(即清一色筒子中含两张一样的顺子)。筒子谐音"同志",一般高象征志同道合。

【成语词条】**风雨同舟**

【释义】在狂风暴雨中同乘一条船,一起与风雨搏斗。比喻共同经历患难。

【出处】《孙子·九地》:"夫吴人与越人相恶也,当其同舟共济,遇风,其相救也如左右手。"

【麻将词条】**风雨同舟**

东、南、西、北风中任一种或数种风色(风)三张成刻或碰出,其余为索子(雨),白板(舟)两张做将牌。

【成语词条】**白头偕老**

【释义】白头:指头发全白了。偕:共同。老:老年。指夫妻共同生活到头发白了的老年。

【出处】明·陆采《怀香记·奉诏班师》:"孩儿,我与你母亲白头偕老,富贵双全。"

【麻将词条】**白头偕老**

七小对牌中必须有一对是幺鸡(寓意比翼鸟)、一对是白板(寓意白头)。

【成语词条】**万古长青**

【释义】比喻崇高的精神或深厚的爱情、友谊永远不会消失。

【出处】元·无名氏《谢金梧》第四折:"也论功增封食邑,共皇家万古长春。"

【麻将词条】**万古长青**

筒子一色,万子做将。筒子一色象征志同道合的爱情,万子象征万古不变。

【故事条目】**千年修得共枕眠**

【释义】形容男女共结连理分外不易:今生能得以同床共枕,乃是前世累计修了一千年的善业所致。

【出处】弹词作品《白蛇传》:"摇船摇过断桥边,月老祠堂在眼前。十世修来同船渡,百世修来共枕眠。"

【麻将词条】**千年修得共枕眠**

手牌中每个顺子或坎或碰都有七,幺鸡做将。七谐音"千",象征千年,七还指代"七夕"这个中国的情人节;幺鸡一对象征夫妻。

【故事条目】**鹊桥相会**

【释义】鹊桥:古代民间传说阴历七月初七晚上喜鹊在银河上搭桥,让牛郎、织女在桥上相会。比喻情人或夫妻久别之后的团聚。

【出处】唐·权德舆《七夕》:"今日云耕渡鹊桥,应非脉脉与迢迢。"

【麻将词条】**鹊桥相会**

幺鸡成刻、碰出或成杠,七筒做将。幺鸡指代喜鹊,七筒象征七夕情人节。

【戏曲词条】夫妻双双把家还

【释义】董永家贫,父亡,卖身傅员外为奴三年,得资葬父。玉帝七个女儿戏于鹊桥,窥视人间,最小的七仙女钟情于董永,只身下凡,与其结为夫妻。为将董永三年长工改为百日,七仙女邀众姐相助,一夜之间织成绵绢十四,夫妻双双回转家门。此时玉帝得知七仙女下凡之事,震怒,令其即刻回宫,否则祸及董永。七仙女无奈,忍痛泣别,留下千古憾事。

【出处】《夫妻双双把家还》是黄梅戏的一首经典曲目,根据黄梅戏《天仙配》而创作。

【麻将词条】夫妻双双把家还

白板成刻或碰出,幺鸡做将。白板象征寒窑贫家,幺鸡一对象征夫妻。

【故事条目】孟姜女哭长城

【释义】一般指孟姜女的传说。相传秦始皇在位时,劳役繁重,青年男女范喜良、孟姜女新婚三天,新郎就被迫出发修筑长城,不久因饥寒劳累而死,尸骨被埋在长城墙下。孟姜女身背寒衣,历尽艰辛,万里寻夫来到长城边,得到的却是丈夫死去的噩耗。她痛哭城下,三日三夜不止,城为之崩裂,露出范喜良尸骸,孟姜女于绝望之中投海而死。

【出处】中国四大民间爱情故事之一。

【麻将词条】孟姜女哭长城

万子一色,白板做将。万子一色象征万里长城,白板做将(谐音姜)象征孟姜女穿素衣哭长城。

【成语词条】共读西厢

【释义】共读西厢发生在贾宝玉和林黛玉进入大观园之后。三月桃花盛开之时,一日,宝玉闲散无聊,便携着一本《西厢记》来到沁芳闸桥边坐着阅读,细细品味王实甫的那种沁人心脾、余香满口的锦绣文辞。潇湘馆中的林黛玉忽感桃花飘零,恐为污泥所染,便提着花锄到沁芳闸"葬花",于是,宝玉和黛玉在此相逢。黛玉忽见宝玉手中拿着一本书,便问是什么书。宝玉见闻，慌得将书藏于身后说"不过是《中庸》《大学》"。后被黛玉索逼不过，只好将书递出。黛玉见是《西厢记》，内心喜不自禁，坐在石上翻阅，一会儿就沉浸在戏曲的艺术境界中。

【出处】清·曹雪芹《红楼梦》。

【麻将词条】共读西厢

二筒、二索、二万成刻或碰出，西风做将和牌。二筒、二索、二万指代宝黛二人，西风指代《西厢记》。

【成语词条】洞房花烛

【释义】洞房：深邃的内室，新房。花烛：彩烛。形容结婚的景象。

【出处】很久以前，人们习惯把新人完婚的新房称作"洞房"。古人就"洞房"咏诗的佳作不胜枚举。西晋文学家陆机在《君子有所思行》中咏道："甲等高闼，洞房结阿阁。"北周庾信有"三和咏舞诗"曰："洞房花烛明，燕余双舞轻。"唐朝诗人宋庆余在《近试张水部》中写道："洞房昨夜停红烛，待晓堂前拜舅姑。"宋人洪迈在《容斋随笔》里更有"洞房花烛夜，金榜题名时"的佳句。

【麻将词条】洞房花烛

一筒、红中成刻或碰出，幺鸡一对做将。一筒象征洞房，红中谐音红烛，幺鸡象征新婚夫妻。

【成语词条】珠联璧合

【释义】珍珠串联在一起，美玉结合在一块。比喻杰出的人才或美好的事物结合在一起。

【出处】东汉·班固《汉书·律历志上》："日月如合璧，五星如连珠。"

【麻将词条】珠联璧合

筒子一色，一筒做将。筒子一色象征珍珠串联在一起，一筒象征平圆形中间有孔的玉璧。

【诗词条目】**孔雀东南飞**

【释义】《孔雀东南飞》主要记叙了刘兰芝嫁到焦家为焦母不容而被遣回娘家，兄逼其改嫁的故事。新婚之夜，兰芝投水自尽，焦仲卿亦殉情而死。从汉末到南朝，此诗在民间广为流传并不断被加工，终成为汉代乐府民歌中最杰出的长篇叙事诗。其中大量运用铺陈的写作手法，叙述了焦仲卿与刘兰芝之间的爱情悲剧。

【出处】原题为《古诗为焦仲卿妻作》，是中国文学史上第一部长篇叙事诗，与《木兰辞》并称乐府诗双璧。创作时间大致是东汉献帝建安年间，作者不详，全诗 340 多句 1700 多字，是中国汉乐府民歌中最长的一首叙事诗。

【麻将词条】**孔雀东南飞**

东与南皆成刻或碰出。而幺鸡成刻，也可以做将。东与南象征东南，幺鸡象征孔雀。

"孔雀东南飞"麻将牌

【戏曲词条】**嫦娥奔月**

【释义】嫦娥奔月是远古神话，是我国十大远古爱情故事之一。嫦娥偷吃了丈夫后羿从西王母那儿讨来的不死之药后，飞到月宫。但琼楼玉宇，高处不胜寒，嫦娥向丈夫倾诉懊悔后，又说："明天乃月圆之候，你用面粉作丸，团团如圆月形状，放在屋子的西北方向，然后连续呼唤我的名字。"

【出处】《淮南子·外八篇》。

【麻将词条】嫦娥奔月

幺鸡、一筒、红中各一张。幺鸡象征孤独的嫦娥,一筒象征月亮,红中象征中秋。

【戏曲词条】在天愿作比翼鸟

【释义】表达了天上人间坚如金钿的忠贞爱情。

【出处】唐·白居易《长恨歌》。

【麻将词条】在天愿作比翼鸟

幺鸡一对,白板一张。幺鸡一对象征比翼鸟,白板一张象征天空。

【戏曲词条】凤求凰

【释义】《凤求凰》演绎了司马相如与卓文君的爱情故事。以"凤求凰"为通体比兴,不仅包含了热烈的求偶,而且也象征着男女主人公理想的非凡、旨趣的高尚、知音的默契等丰富的意蕴。全诗言浅意深,音节流亮,感情热烈奔放而又深挚缠绵,熔楚辞骚体的旖旎绵邈和汉代民歌的清新明快于一炉。

【出处】传说是汉代文学家司马相如的古琴曲。

【麻将词条】凤求凰

幺鸡成对,一筒、一万成刻或碰出。幺鸡象征凤凰,一筒、一万象征凤求凰。

【戏曲词条】花前月下

【释义】本指游乐休息的环境;后多指谈情说爱的处所。

【出处】唐·白居易《老病》:"尽听笙歌夜醉眠,若非月下即花前。"

【麻将词条】花前月下

五筒、一筒各自成刻或碰出,花牌一张和牌。五筒、花牌象征花前,一筒象征月下。

【戏曲词条】**风花雪月**

【释义】原指古典文学作品里描写自然景物的四种对象;后来比喻堆砌辞藻、内容空泛的诗文,也指爱情之事或花天酒地的荒淫生活。

【出处】宋·邵雍《伊川击壤集序》:"虽死生荣辱,转战于前,曾未入于胸中,则何异四时风花雪月一过乎眼也。"

【麻将词条】**风花雪月**

风牌、五筒、白板、一筒四种牌各自成刻或碰出和牌。"风"指四种风牌中的任何一种。"花"专指五筒,桃、李、梅、杏花多为五瓣。"雪"是白板,取唐诗《独钓寒江雪》。"月"是一筒,寓意"月儿圆圆"。这四种牌各成一刻,再加上一对将牌就成"风花雪月"了。

【诗词条目】**东风不与周郎便,铜雀春深锁二乔**

【释义】倘若不是东风给周瑜以方便,结局恐怕是曹操取胜,二乔被关进铜雀台了。

【出处】唐·杜牧《赤壁》:"折戟沉沙铁未销,自将磨洗认前朝。东风不与周郎便,铜雀春深锁二乔。"

【麻将词条】**东风不与周郎便,铜雀春深锁二乔**

东风、白板、一筒,幺鸡成对。

【成语词条】**心心相印**

【释义】佛教语,彼此的心意不用说出,就可以互相了解。形容彼此的思想感情完全一致。

【出处】唐·裴休《唐故圭峰定慧禅师传法碑》:"但心心相印,印印相契,使自证知光明受用而已。"清·尹会一《答刘古衡书》:"数年相交,久已心心相印。"

【麻将词条】**心心相印**

七小对中有一筒与白板对。一筒象征两颗心,白板象征印。

【成语词条】**鱼水之欢**

【释义】比喻男女亲密和谐的情感或性生活。

【出处】元·王实甫《西厢记》第二本第二折："小生到得卧房内,和姐姐解带脱衣,颠鸾倒凤,同谐鱼水之欢,共效于飞之愿。"

【麻将词条】**鱼水之欢**

一筒与九索、幺鸡成对或成刻。一筒象征太极鱼,九索象征水,幺鸡象征夫妻。

【成语词条】**成双成对**

【释义】配成一对,多指夫妻或情侣。

【出处】清·文康《儿女英雄传》第二十六回："讲到姐姐今日这喜事,不但有媒有妁,并且不请得是成双成对的媒妁,余外更多着一位月下老人。"

【麻将词条】**成双成对**

任意七小对组合和牌。

【成语词条】**红豆相思**

【释义】红豆:植物名,又叫相思子,古人常用以象征爱情。比喻男女相思。

【出处】唐·王维《相思》："红豆生南国,春来发几枝。愿君多采撷,此物最相思。"

【麻将词条】**红豆相思**

筒子形似红豆,红中寓意男女双方互相中意,筒子一色,红中做将和牌。

【成语词条】**冲冠一怒为红颜**

【释义】为一位女子生气到极点。指吴三桂为他的爱妾陈圆圆被李自成军队抢走而愤怒不已。

【出处】明·吴梅村《圆圆曲》。《圆圆曲》主要是作为一首爱情诗来写的,极富艺术魅力。"恸哭三军皆缟素,冲冠一怒为红颜"千古名句,指吴三桂、陈圆圆的爱情故事。

【麻将词条】 **冲冠一怒为红颜**

红色牌(寓意红颜)成刻或碰出(非顺子),幺鸡做将(鸡将寓意激将)。

三、美食麻将说

中国美食文化博大精深,历经几千年,不仅食材的种类丰富,而且口味和调料繁多。无论是高档餐厅里的饕餮盛宴,还是街边的小吃,都非常受民众欢迎。如今有很多美食卖家为了博得大众的眼球,发明了很多创新美食,这种创新是对美食文化的传承。

美食麻将就是美食、游戏与麻将的群英荟萃。

【美食词条】山珍海味

【释义】指来自山上的美食和来自海洋的美食,也用来指大量丰盛的菜肴。

【出处】唐·韦应物《长安道诗》:"山珍海错弃藩篱,烹犊羊羔如折葵。"清·曹雪芹《红楼梦》第三十九回:"姑娘们天天山珍海味的,也吃腻了。"

【麻将词条】山珍海味

索子清一色和牌。其中需要有三索、幺鸡(寓意山珍)成刻或碰出,单吊索子(寓意一条条的海鱼)做将和牌。

【美食词条】满汉全席

【释义】满汉全席起兴于清代,是集满族与汉族菜点之精华而形成的历史上最著名的中华大宴。满汉全席又是清朝时期宫廷盛宴。它既有宫廷菜肴之特色,又有地方风味之精华;突出满族与汉族菜的特殊风味,烧烤、火锅、涮涮锅几乎是不可缺少的菜点,同时又展示了汉族烹调的特色,扒、炸、炒、熘、烧等兼备,实乃中华菜系文化的瑰宝。满汉全席有108道菜(南菜54道+北菜42道+满菜12道),分3天吃完。满汉全席菜式有咸有甜,有荤有素,取材广泛,用料精细,山珍海味无所不包。

【出处】乾隆甲申年间李斗所著《扬州书舫录》中记有一份满汉全席食单,是关于满汉全席的最早记载。满汉全席,分为六宴,均以清宫著名大宴命名。汇集满汉众多名馔,择取时鲜海错,搜寻山珍异兽。全席计有冷荤热肴196品,点心茶食124品,计肴馔320品。合用全套粉彩万寿餐具,配以银器,富贵华丽,用餐环境古雅庄隆。席间专请名师奏古乐伴宴,沿典雅遗风,礼仪严谨庄重,承传统美德,侍膳奉敬校宫廷之周,令客人流连忘返。全席食毕,可领略中华烹饪之博精、饮食文化之渊源。

【麻将词条】满汉全席

十三不搭中、发、白、东、南、西、北、万、索、筒各色牌齐全和牌,象征中国各地的名菜荟萃。

【美食词条】冰糖甲鱼(独占鳌头)

【释义】冰糖甲鱼吃起来软糯润口、香甜酸咸,风味独特。此菜是一种滋补品,甲鱼与冰糖同炖,具有滋阴、调中、补虚、益气、祛热等功能。

【出处】浙江宁波地区最著名的传统菜肴。冰糖甲鱼的别称为"独占鳌头",是甬江状元楼首创的,居宁波十大名菜之首。

【麻将词条】冰糖甲鱼(独占鳌头)

白板、八索、八筒成刻或碰出,一筒做将和牌。白板象征冰糖,八索、八筒指代王八(甲鱼),一筒寓意独占鳌头。

【美食词条】**西湖醋鱼**

【释义】西湖醋鱼色泽红亮,肉质鲜嫩,酸甜清香,口感软嫩,带有蟹味,别具特色。

【出处】浙江菜系中的名菜。据清代《两般秋雨庵随笔》记载,为宋代名厨宋五嫂创制,时名"宋嫂鱼"。另据记载,"西湖醋鱼"名称始见于清代。

【麻将词条】**西湖醋鱼**

西风与白板成刻或碰出,索子做将和牌。西风与白板指代西湖,索子象征醋鱼。

【美食词条】**宫保鸡丁**

【释义】宫保鸡丁的特色是辣中有甜,甜中有辣,鸡肉的鲜嫩配合花生的香脆,入口鲜辣酥香,红而不辣,辣而不猛,肉质滑脆。

【出处】川菜名菜。宫保鸡丁由清朝山东巡抚、四川总督丁宝桢所创。他对烹饪颇有研究,喜欢吃鸡肉和花生米,尤其喜食辣味。他在山东为官时曾命家厨改良鲁菜"酱爆鸡丁"为辣炒,后来在四川总督任上时将此菜推广开来,创制了一道将鸡丁、红辣椒、花生米下锅爆炒而成的美味佳肴。这道美味本来是丁家的私房菜,但后来尽人皆知,成了人们熟知的宫保鸡丁。所谓"宫保",其实是丁宝桢的荣誉官衔。丁宝桢治蜀十年,为官刚正不阿,多有建树,于光绪十一年(1885)死在任上,清廷为了表彰他的功绩,追赠"太子太保"。"太子太保"是"宫保"之一,于是,为了纪念丁宝桢,他发明的这道菜便得名"宫保鸡丁"。

【麻将词条】**宫保鸡丁**

万字或红中、索子成刻或碰出,幺鸡做将和牌。万字或红中象征红辣椒,索子象征花生,幺鸡指代鸡丁。

【美食词条】**一品豆腐**

【释义】著名的传统菜肴。味鲜嫩,色黄白。表皮酥脆,弹性十足,咸香微辣,略有回甜。

【出处】一品豆腐,属于孔府菜,是一道经典的特色名菜。此菜白细鲜嫩,营养丰富而为人所喜食。据说,汉朝刘邦之孙刘安,袭父封为淮南王,他"为人好书",多才多艺,曾召集方士苏非、李尚、田由等"八公"在北山(即后来的八公山)大炼灵丹妙药,以图长生不老,多年以后,丹药没炼出来,却意外地点出了豆腐。后来人们尊奉刘安为"豆腐神"。

【麻将词条】一品豆腐

一筒、一万、一索(幺鸡)成刻或碰出,白板做将和牌。一筒、一万、一索象征一品,白板象征豆腐。

【美食词条】麻婆豆腐

【释义】早期的麻婆豆腐用料是菜油和黄牛肉。烹饪手法是先在锅中将一大勺菜油煎熟,然后放一大把辣椒末,接着下牛肉,煮到干酥烂时再下豆豉。之后放入豆腐,稍微加水并铲几下调匀,最后盖上锅盖用小火将汤汁收干,起锅前再洒上花椒末。麻婆豆腐的特色在于麻、辣、烫、香、酥、嫩、鲜、活八字,也称之为"八字箴言"。

【出处】麻婆豆腐始创于清朝同治元年(1862),在成都万福桥边,有一家原名"陈兴盛饭铺"的店面。店主陈春富早殁,小饭店便由老板娘经营,女老板面上微有麻子,人称"陈麻婆"。当年的万福桥横跨府河,常有苦力之人在此歇脚、打尖。光顾饭铺的主要是挑油的脚夫。陈氏对烹制豆腐有一套独特的烹饪技巧,烹制出的豆腐色香味俱全,不同凡响,深得人们喜爱。她创制的红烧豆腐,则被称为"陈麻婆豆腐",其饮食小店后来也以"陈麻婆豆腐店"为名。《锦城竹枝词》《芙蓉话旧录》等书对陈麻婆创制麻婆豆腐的历史均有记述。《锦城竹枝词》云:"麻婆陈氏尚传名,豆腐烘来味最精。万福桥边帘影动,合沽春酒醉先生。"《成都通览》记载陈麻婆豆腐在清朝末年便被列为成都著名食品。

【麻将词条】麻婆豆腐

八索与白板成刻或碰出,红中做将和牌。八索(形状为上下两个 M,M 与麻婆的第一个拼音字母一致)指代麻婆,白板形同豆腐,红中寓意中国名菜。

【美食词条】北京烤鸭

【释义】北京烤鸭是具有世界声誉的北京菜式,由中国汉族人研制于明朝,在当时是宫廷食品。用料为优质肉食鸭北京鸭,果木炭火烤制,色泽红润,肉质肥而不腻,外脆里嫩。北京烤鸭分为两大流派,而北京最著名的烤鸭店即是两派的代表。它以色泽红艳、肉质细嫩、味道醇厚、肥而不腻的特色,被誉为"天下美味"。

【出处】明初,老百姓爱吃南京板鸭,皇帝也爱吃,据说明太祖朱元璋日食烤鸭一只。宫廷里的御厨就想方设法研制鸭馔的新吃法来讨好万岁爷,于是也就研制出了叉烧烤鸭和焖炉烤鸭。据说,朱棣迁都北京后,也顺便带走了南京宫廷里的不少烤鸭高手。在嘉靖年间,烤鸭就从宫廷传到了民间。

【麻将词条】北京烤鸭

北风与幺鸡成刻或碰出,红中做将和牌。北风指代北京,幺鸡象征烤鸭,红中寓意中国名菜。

【美食词条】海南文昌鸡

【释义】文昌鸡是海南最负盛名的传统名菜。号称"四大名菜"之首。是每一位到海南旅游的人必尝的美味。其肉质滑嫩,皮薄骨酥,香味甚浓,肥而不腻。

【出处】据传,文昌鸡最早出自海南文昌市潭牛镇天赐村,此村盛长榕树,树籽富含营养,家鸡啄食,体质极佳。文昌鸡的特点是个体不大,重约 1.5 千克,毛色鲜艳,翅短脚矮,身圆股平,皮薄滑爽,肉质肥美。

【麻将词条】海南文昌鸡

南风、幺鸡成刻或碰出,红中做将和牌。南指代海南,幺鸡指代文昌鸡,红中寓意中国名菜。

【美食词条】东安子鸡

【释义】东安子鸡又叫东安鸡、官保鸡,是一道地方传统名菜,属于湘菜系。因用东安新母鸡烹制而成得名。东安子鸡成菜呈红、白、绿、黄四色,鸡肉肥嫩,味道酸辣鲜香。

【出处】相传在唐代开元年间,湖南东安人已开始烹制东安鸡——"醋鸡"。清末民初时,此菜被引入长沙,经湘军将领席宝田(东安人)、民国将领唐生智(东安人)等官宦食客的张扬,逐渐成为酒宴名肴,湖湘各地菜馆纷纷效法烹制。1972年,美国总统尼克松访华,毛泽东用"东安鸡"宴请宾客,受到宾客的赞扬。后逐步流传到美洲、欧洲等地,并成为湘菜的风味当家菜目之一。

【麻将词条】东安子鸡

东方、幺鸡成刻或碰出,红中做将和牌。东指代湖南东安,幺鸡指代子鸡,红中寓意中国名菜。

【美食词条】黄山炖鸽

【释义】黄山炖鸽汤清味鲜,鸽肉酥烂,山药清香爽口。此菜鸽肉滋味鲜美,营养丰富,易于消化,有补脑健肾、增强记忆力的食疗功效。山药肉松软细腻,略甜,富含淀粉,常被人们视作滋补蔬菜食用。

【出处】黄山炖鸽是安徽黄山特色传统名菜,取黄山菜鸽与黄山山药隔水炖制而成。山药滋阴补肾,鸽肉健体强身,被当地百姓视为滋补延年的佳品。

【麻将词条】黄山炖鸽

三索、幺鸡成刻或碰出,红中做将和牌。三索指代黄山,幺鸡指代乳鸽,红中寓意中国名菜。

【美食词条】冰糖葫芦

【释义】中华名小吃之一。用竹签把山楂果或海棠果等穿成一串儿,蘸上融化的冰糖、白糖或麦芽糖而制成。

【出处】南宋绍熙年间,赵停最宠爱的黄贵妃生病了。她面黄肌瘦,不思饮食。御医用了许多贵重药品,皆不见什么效果。皇帝见爱妃一天天憔悴,整日愁眉不展,最后只好张榜求医。一位江湖郎中揭榜进宫,为黄贵妃诊脉后说:"只要用冰糖与红果(即山楂)煎熬,每顿饭前吃五至十枚,不出半月病准见好。"开始大家还将信将疑,好在这种吃法还合贵妃口味,贵妃按此办法服后,果然如期病愈,皇帝大喜。后来这种做法传到民间,老百姓又把它串起来卖,就成了冰糖葫芦。原来,山楂的药用功效很多,它能够消食积、散瘀血、驱绦虫、止痢疾,特别是助消化,自古为消食积之要药,尤长于消肉积。也许是黄贵妃所食山珍海味积住了食,小小山楂解除了病痛。明代杰出的医药学家李时珍也曾经说过:"煮老鸡硬肉,入山楂数颗即易烂,则其消向积之功,盖可推矣。"

【麻将词条】**冰糖葫芦**

筒子混一色,白板成刻或碰出,红中做将和牌。筒子象征山楂,白板象征冰糖,红中形同冰糖葫芦串,又有中华美食的含义。

四、丝路麻将说

【丝绸之路词条】张骞通西域

【释义】张骞出使西域又称张骞通西域,指的是汉武帝时期希望联合月氏夹击匈奴,派遣张骞出使西域各国的历史事件。张骞出使西域本为贯彻汉武帝联合大月氏抗击匈奴之战略意图,但出使西域后汉夷文化交往频繁,中原文明通过"丝绸之路"迅速向四周传播。因而,张骞出使西域这一历史事件便具有特殊的历史意义。张骞对开辟从中国通往西域的丝绸之路有卓越贡献,至今举世称道。

【麻将词条】张骞通西域

红中与西风、四索成刻或碰出,一筒做将和牌。红中指代张骞这个中国人;西风指代西域;四索谐音丝束,指代丝绸;筒与通谐音,一筒寓意首次通行。

【丝绸之路词条】郑和下西洋

【释义】永乐三年(1405),明成祖朱棣派三保太监郑和率水手官兵两万七千多人,乘船六十二艘,出使西洋(指今南洋群岛和印度洋一带)。前后二十八年中,郑和率船队,远航七次,遍历南洋各地三十余国,最远达非洲东岸和红海,与亚非很多国家建立了友好关系,促进了我国和亚非各国的经济文化交流。

【麻将词条】郑和下西洋

红中与西风、四索成刻或碰出，七筒做将和牌。红中指代郑和这个中国人；西风指代西洋；四索谐音丝束，指代"丝绸之路"；七筒谐音七通，寓意郑和七次下西洋。

【丝绸之路词条】丝银贸易

【释义】丝银贸易是历史上"海上丝绸之路"的重要组成部分。据研究，明代中后期开始，白银成为中国的本位货币，中国自身所产白银较少，于是同日本与欧洲进行海上贸易时用丝绸大量换取日本的白银与美洲的银圆（"本洋""鹰洋"等），简称"丝银贸易"。丝绸与白银成为当时全球贸易的主角。马尼拉是贸易中转口岸，中国丝绸运往菲律宾，装上大帆船，再转运至墨西哥，行销美洲，这就是"大帆船贸易"。在持续长达两个半世纪的时间内（16世纪中至18世纪末），中国吸纳了日本白银的绝大部分与美洲白银的一半，达上万吨，占全球白银总量的1/4到1/3。中国开展丝银贸易的主要港口有宁波、广州、澳门、漳州、厦门等城市。

【麻将词条】丝银贸易

四索、白板成刻或碰出，发做将和牌。四索谐音丝束，指代丝绸；白板像白银，指代银两；发做将和牌寓意"丝银贸易"发财、祥和。

【丝绸之路词条】丝绸之路货币

【释义】一般指的是在丝绸之路沿线各个历史时期流通使用过的各类货币，或者在丝路贸易中曾经使用过的各类货币。丝绸之路货币主要包括中国铸造的钱币、境外国家和地区铸造的钱币、沿线文化交融钱币、实物货币等四类。

【麻将词条】丝绸之路货币

索子、筒子、万字和白板成刻或碰出，发做将和牌。索子谐音丝束，指代丝绸；筒子和万字皆为铜钱；白板像白银，指代银两，索子、筒子、万字和白板指代的丝绸、铜钱与银两皆为丝路货币，发做将和牌寓意拥有"丝路货币"发财。

【丝绸之路词条】**生意兴隆通四海**

【释义】《山海经》谓四海之内为"海内",海内之中有"五山",而中国在焉,四海之外称"海外"。因此,四海泛指全国各地。"生意兴隆通四海"形容生意做大了,客户遍布五湖四海。

【麻将词条】**生意兴隆通四海**

东、南、西、北风成刻或碰出,发做将和牌。东、南、西、北分别指代东海、南海、西海、北海,发做将指代生意兴隆发大财。

【丝绸之路词条】**万里迢迢**

【释义】形容路程很遥远。

【麻将词条】**万里迢迢**

万字一色成刻或碰出,索子做将和牌。万字象征万里路程,索子又名条子,两张做将的索子谐音迢迢。

【丝绸之路词条】**锦绣前程**

【释义】形容前途十分美好,也用以比喻前途光辉灿烂。

【麻将词条】**锦绣前程**

四索、红中与西风成刻或碰出,发做将和牌。四索谐音丝束,指代丝绸;红中与西风代表中国与西方国家。发寓意发达,前程似锦。

【丝绸之路词条】**丝绸之路**

【释义】古代连接中西方的商道。丝绸之路,简称丝路,一般指陆上丝绸之路,广义上讲又分为陆上丝绸之路和海上丝绸之路。1877年,德国地质地理学家李希霍芬在其著作《中国》一书中,把"从公元前114年至公元127年间,中国与中亚、中国与印度间以丝绸贸易为媒介的这条西域交通道路"命名为"丝绸之路",这一名词很快被学术界和大众所接受,并正式运用。

【麻将词条】丝绸之路

四索、红中与西风成刻或碰出，八索做将和牌。四索谐音丝束，指代丝绸，红中与西风代表中国与西方国家。八索寓意四通八达的对外贸易道路。

【丝绸之路词条】海上丝绸之路

【释义】古代中国与外国交通贸易和文化交往的海上通道，主要以南海为中心，所以又称"南海丝绸之路"。"海上丝绸之路"形成于秦汉时期，发展于三国至隋朝时期，繁荣于唐宋时期，转变于明清时期，是已知的最为古老的海上航线。

【麻将词条】海上丝绸之路

四索、红中与西风成刻或碰出，白板做将和牌。四索谐音丝束，指代丝绸；红中与西风代表中国与西方国家。白板象征海上对外贸易道路。

五、钱币麻将说

宁波近代麻将中的筒是铜钱,索在古代是穿铜钱的绳索。筒子代表一个个铜钱,索子代表一串铜钱,以前一吊钱就是一千,也称"一贯钱",即贯穿起来的一千枚铜钱的意思。万,就是一万(贯)钱的简写。而万贯铜钱的数量,正好表达了中国人对财富的最大渴望。

【钱币词条】腰缠万贯

【释义】腰缠:指随身携带的财物。贯:旧时用绳索穿钱,每一千文为一贯。比喻钱财极多。古人很少直接把钱币放在衣囊里,出门在外携带的金银、铜钱一般放在束腰用的腰带里,然后把腰带缠绕在腰间,故称"盘缠"(同今"腰包"之意),这样既不会遗失,又不会露财。古代还有"腰缠十万贯,骑鹤下扬州"的故事。

【出处】南朝梁·殷芸《小说》:"有客相从,各言所志,或原为扬州刺史,或原多资财,或原骑鹤上升。其一人曰:'腰缠十万贯,骑鹤下扬州。'欲兼三者。"传说古代赵、钱、孙、李四公子在扬州瘦西湖畔饮酒谈志向,赵某说自己有幸结识朋友,但愿能混个扬州刺史,钱某想要很多的钱,孙某则想骑上红顶白羽的仙鹤去琼楼玉宇度余生,李某说要腰缠十万贯,骑鹤下扬州。众人戏他性急喝不得热粥。

【麻将词条】腰缠万贯

两组万字加起来是十万（贯）成刻或碰出，红中做将和牌。万字牌代表万贯钱财，红中象征人腰缠十万贯钱财。

【钱币词条】青钱万选

【释义】"青钱"即白铜钱，色泽青白，是铜质里掺少量铅、锡合成，材质精良，为人们所喜爱，在许多钱币中，会一眼看中，首先挑出，万选万中。

【出处】《新唐书·张荐传》："员外郎员半千数为公卿称'鸷文辞犹青铜钱，万选万中'。"唐代文人张荐，曾经8次应试，每次都登甲科，他的文章行文流畅，通俗易懂，风行当世，连日本、新罗等使者也纷纷求购，人称"青钱学士"。后人将科举中屡试屡中的文章也称为青钱万选，包含稳操胜券之意。

【麻将词条】青钱万选

万字一色，一筒做将和牌。万字一色寓意供人们挑选的万贯铜钱，一筒就是一枚品质优秀的青钱。

【钱币词条】画叉取钱

【释义】每天用画叉取一串钱，节约开支。

【出处】北宋元丰三年（1080），苏东坡因"乌台诗案"入狱，后被贬黄州（在今湖北黄冈），降职团练副使，俸禄削减，生活拮据，不得不巧于居穷，只好痛自节约，把每日开支压缩到不超过150个铜钱，每月初一，取出4500个铜钱，分成30堆，分别用绳子串起来挂在屋梁上，每天清晨用画叉挑取一串，然后把画叉藏起来；墙上挂一个大竹筒，用来储存当天节省的钱，以备招待客人。这种节约开支的办法，后人称为"画叉取钱"。苏东坡既是杰出诗人、文学家，又是著名书法家，他书写的元丰通宝、元祐通宝钱文，笔力雄健，纵放豪逸，世称"东坡元丰"。

【麻将词条】画叉取钱

筒子四组成刻或碰出，三索做将和牌。筒子代表铜钱，三索形同倒置的画叉。

【钱币词条】长袖善舞，多钱善贾

【释义】 善：擅长。贾：做买卖。比喻凭借优越条件，事情容易成功。

【出处】《韩非子·五蠹》："鄙谚曰：'长袖善舞，多钱善贾。'此言多资之易为工也。"

【麻将词条】长袖善舞，多钱善贾

幺鸡、九筒成刻或碰出，发财做将。幺鸡是舞姬的谐音，九筒象征很多铜钱，发财是做生意发财。

【钱币词条】一文钱难倒英雄汉

【释义】 比喻一个很小的困难却使一个很大的事情无法进行或无法完成；也指一个很有本事的人，面对一个小问题而束手无策。

【出处】 有一天，赵匡胤一个人走在路上，天气特别热，正饥渴难耐时看见了一片西瓜地，看瓜的人是个老翁。老翁说他的瓜一文钱一个，不甜不要钱，可赵匡胤此时身无分文。于是，他想出了一个办法。他打开一个瓜，吃一口就说不甜，再打开一个，吃一口又说不甜，一直到吃饱都说不甜。老翁看出了他的意图，对他说："看你相貌堂堂，怎么做这种下三烂的事呢？没钱就没钱，直接跟我说就是了，何必用这种损招呢？"赵匡胤非常惭愧，承诺今后一定好好报答。后来赵匡胤得了天下，送给了这个瓜农万亩良田作为回报。

【麻将词条】一文钱难倒英雄汉

一筒、幺鸡、白板成刻或碰出和牌。幺鸡指代英雄汉；一筒指代一文铜钱；白板是空无，指代身无分文的穷光蛋。

【钱币词条】一钱太守

【释义】 比喻值得称赞的廉洁的官吏。

【出处】 东汉时，刘宠任会稽太守，他改革弊政，废除苛捐杂税，为官十分清廉。后来他被朝廷调任为大匠（主管工程建设的官员）之职，临走时，当地百姓主动凑钱来送行，刘宠不受。后来实在盛情难却，就从中拿了一枚铜钱象征性地收下。他因此被称为"一钱太守"。他出了山阴县界，就把钱投到了江里。后人将该江改名为"钱清江"（在今绍兴市境内），还建了"一钱亭""一钱太守庙"。从此，"一钱太守"的美称便在当地传开了。

【麻将词条】一钱太守

一筒、幺鸡和白板成刻或碰出和牌。一筒指代一枚铜钱；雄鸡有冠（谐音官），幺鸡指代太守这个地方官；白板象征清廉洁白。

【钱币词条】五帝钱

【释义】五帝钱，指圆形方孔的铜钱，古铜钱按"外圆内方""天人合一"的理念铸制，取其象天法地，是古代阴阳五行学说的具体体现，拥有厚重的文化属性。古代民间，一直有用铜钱驱邪招福的习俗，通常将五枚铜钱串在一起，代表着五方五行力量。五帝，原始意义上是指东、南、西、北、中五方天帝，为五方神，分配五行五色（金木水火土、白青玄赤黄）。用五枚外圆内方古铜钱代表五行五帝神力辟邪招福的习俗由来已久。五帝钱得天、地、人三才之气，加上五帝之帝威，故能镇宅、化煞，并兼具旺财功能。

【出处】五帝钱分为大五帝钱与小五帝钱两种。大五帝钱是指中国历史上的五位皇帝秦始皇、汉武帝、唐太宗、宋高祖和明成祖铸造的铜钱，即秦朝的半两钱、汉代的五铢钱、唐朝的开元通宝、宋朝的宋元通宝和明朝的永乐通宝。小五帝钱是指清朝前期的五位皇帝顺治、康熙、雍正、乾隆和嘉庆铸造的顺治通宝、康熙通宝、雍正通宝、乾隆通宝和嘉庆通宝五种钱币。

【麻将词条】五帝钱

五筒、五索、五万成刻或碰出，一筒做将和牌。五筒、五索、五万指代五个皇帝，一筒代表铜钱。

【钱币词条】生财有道

【释义】原指生财有个大原则，后指赚钱很有办法。

【出处】《礼记·大学》："生财有大道：生之者众，食之者寡，为之者疾,用之者舒,则财恒足矣。"

【麻将词条】生财有道

筒子成刻或碰出,发做将和牌。筒子一色成刻或碰出象征赚取铜钱有办法,发寓意发财。

【钱币词条】一字千金

【释义】一个字价值千金。

【出处】汉·司马迁《史记·吕不韦列传》:"布咸阳市门,悬千金其上,延诸侯游士宾客有能增损一字者予千金。"秦相吕不韦叫门客著《吕氏春秋》,书写成后出布告,称有能增减一字的,就赏给千金。

【麻将词条】一字千金

万字一色,发做将和牌。万字象征万贯铜钱,值黄金千两;发寓意发财,一个发字价值千金。

【钱币词条】万贯家私

【释义】万贯:上万贯铜钱。贯:古时穿钱的绳子,既钱穿,也指一串钱,一千文为一串,称一贯。形容家产很多,非常富有。

【出处】明·冯梦龙《喻世明言》第十卷:"老爹爹纵有万贯家私,自有嫡子嫡孙,干你野种屁事!"

【麻将词条】万贯家私

万字一色,东风做将和牌。万字一色象征有万贯铜钱;东是东家的简称,东家在中文里是雇主、老板的意思,颇有家私。

【钱币词条】钱可通神

【释义】有了钱连鬼神也可以买通。比喻金钱的魔力极大。

【出处】唐·张固《幽闲鼓吹》载:"唐张延赏判一大狱,召吏严缉。明旦见案上留小帖云:'钱三万贯,乞不问此狱。'张怒掷之。明旦复帖云:'十万贯。'遂止不问。子弟乘间侦之,张道:'钱十万,可通神矣,无不可回之事,吾惧祸及,不得不止。'"

【麻将词条】钱可通神

两组万字牌凑成十万之数,红中做将和牌。十万指代十万贯铜钱,红中是"中神通"①的简称,表示通神。

---

① 中神通:《射雕英雄传》中全真教教主王重阳,第一次华山论剑中,他技压群雄,人送外号"中神通"。

六、禅修麻将说

【禅修词条】**六根清净**

【释义】六根:佛家语,指眼、耳、鼻、舌、身、意。佛家以达到远离烦恼的境界为六根清净。比喻已没有任何欲念。

【出处】隋·隋炀帝《宝台经藏愿文》:"五种法师,俱得六根清净。"

【麻将词条】**六根清净**

手牌中顺子或坎或碰都有六(寓意六根),白板(寓意清净)三张。

【禅修词条】**六根清净方成稻(道)**

【释义】六根清净是佛家中达到远离烦恼的境界,比喻已没有任何欲念。清净是无污染的意思。心中不因接收到感觉而起涟漪、妄想,不是视而不见、充耳不闻。

【出处】布袋和尚偈语流传于民间的很多。其中最脍炙人口的是《插秧偈》:"手捏青苗种福田,低头便见水中天。六根清净方成稻,退后原来是向前。"

【麻将词条】**六根清净方成稻(道)**

索子清一色,其中六索成刻或碰出,幺鸡成对或单吊和牌。索子指代稻束,麻雀是"送谷神"。

【禅修词条】一念悟时众生是佛

【释义】还没有领悟到佛法真义的时候,感觉佛和天下百姓没有什么大的区别。一旦悟了之后,会发现其实每个人都有佛性,只是被人间红尘给掩埋了。宣传佛法就是要洗去这些尘滞,让每个人都立地成佛。其实佛与众生的区别就在于觉悟与不觉悟。所以惠能才说:一念悟,众生即佛;一念迷,佛即众生。何为觉悟?觉悟分好几个层次。比如小乘的觉悟,只是破烦恼障与解脱生死轮回,而大乘的觉悟,除了解脱生死轮回,还要见法界的实相。即使是菩萨的境界,也分为52个阶位。佛是最高的觉悟境界,在佛法中叫"无上正等正觉"。而阿罗汉的觉悟叫"正觉",菩萨的觉悟叫"正等正觉"。

【出处】惠能《六祖坛经》云:"自性迷即是众生,自性觉即是佛。""一念悟时众生是佛。""若识自性,一悟即至佛地。"又云:"普愿法界众生言下见性成佛。"

【麻将词条】一念悟时众生是佛

万字一色成刻或碰出,一筒做将牌。一筒为太极形象,万字符为成佛形象。

【禅修词条】摩诃般若波罗蜜

【释义】大智慧到彼岸。

【出处】佛学常见词汇,是佛家《般若波罗蜜多心经》中的一句。

【麻将词条】摩诃般若波罗蜜

九筒、九索、九万、白板、红中、绿发、西风七小对和牌。九为大,发、白、中为天、地、人三才智慧,西即西方极乐彼岸世界。

【禅修词条】但心清净,即是自性西方

【释义】只要自心清净,不出家也能自信觉悟得道,进入西方极乐世界。

【出处】惠能《六祖坛经》。

【麻将词条】但心清净,即是自性西方

一筒与白板成刻或碰出,自摸西风做将牌和出。一筒指代心,白板指代清净,自摸指代自性。

【禅修词条】四大皆空

【释义】佛教用语,指世界上一切都是空虚的。四大:古印度称地、水、风为"四大"。

【出处】《四十二章经》第二十章:"佛言当念身中四大,各自有名,都无我者。"

【麻将词条】四大皆空

手牌中顺子或坎或碰都有四(寓意四大),白板(寓意空)三张。

【禅修词条】一心念佛

【释义】比喻做事情要专心致志,排除杂念。

【出处】释迦牟尼《法华经》。

【麻将词条】一心念佛

万字牌与白板成刻或碰出,一筒做将牌。万字牌指代佛,白板指代念佛嘴巴,一筒指代一心。

【禅修词条】应无所住而生其心

【释义】意谓对世俗物质不刻意留恋才能领悟佛性,心若执着某物便不能运用自如。如同下围棋,棋盘很大,要放眼全局,不因局部的胜负得失而影响情绪,该舍得舍,放弃局部才能赢得全局。禅宗六祖惠能未得法前,五祖弘忍为其讲解《金刚经》,当讲到应无所住而生其心时,惠能豁然开朗,言下大悟,一切万法不离自性,得传衣钵。

【出处】鸠摩罗什《金刚经》。

【麻将词条】应无所住而生其心

红中、绿发、白板成刻或碰出,一筒做将牌,自摸和牌。应无所住用中发白牌指代;生其心用自摸一筒指代,寓意天地人诸物皆虚妄,唯有本心清净独存。

【禅修词条】成道非由施钱

【释义】一个人想成就佛道,开显智慧,不是施舍钱财就可得的,而是由内心的觉悟得到的。

【出处】惠能《六祖坛经》。

【麻将词条】成道非由施钱

筒子与白板成刻或碰出,自摸红中做将牌。自摸红中指代成道,白板指代非由(不是由),筒子指代施钱。

【禅修词条】仁者心动

【释义】一个人若要取得学业和事业的成功,必须具有强大的自我约束能力,心如止水,专心致志地学习与工作,持之以恒。

【出处】惠能《六祖坛经》:"时有风吹幡动。一僧曰风动,一僧曰幡动。议论不已。惠能进曰:非风动,非幡动,仁者心动。"无论这个世界如何复杂变幻,心静则世界静。陶渊明曰:"问君何能尔? 地远心自偏。"这正是禅宗明心见性、以心传心、顿悟世界至理的不二法门。

【麻将词条】仁者心动

红中、一筒、么鸡成刻或碰出和牌。红中指代仁者,一筒指代心,么鸡指代动。

【禅修词条】九九归一,终成正果

【释义】从来处来,往去出去,又回到本初状态。这种回复不是简单的返回,而是一种升华、一种再造、一种涅槃,更是一个新的起点。

【出处】西汉·扬雄《太玄经》:"玄生万物,九九归一。"

【麻将词条】九九归一,终成正果

七小对和牌,七小对分别是九万、九索、九筒、一万、么鸡、一筒、红中对。或七小对中至少有两对九和一对一,以及红中对。九筒、九万和九索指代九九,一筒、一万和么鸡指代一,红中指代得道成正果(极高明而道中庸)。

【禅修词条】**万法尽在自心**

【释义】万法：一切事物和现象。自心：自性清净心。意谓心含万法。

【出处】惠能《六祖坛经》。六祖惠能认为，众生皆具佛性，只因被"妄念浮云"盖覆，而不能显现。一旦去掉妄念，内外明澈，就会顿见真如本性，自成佛道。

【麻将词条】**万法尽在自心**

万字成刻或碰出，一筒做将牌，自摸和牌。万法用万字牌指代，自心用自摸一筒指代。

【禅修词条】**迷时师度，悟时自度**

【释义】迷失的时候，是师父在度我，开悟以后是自己度自己。类似于"师父领进门，修行在个人"。读万卷书不如行万里路，行万里路不如跟着成功者的脚步，跟着成功者的脚步不如名师指路，名师指路不如自己去觉悟。

【出处】惠能《六祖坛经》。五祖弘忍亲自送惠能到九江驿，令上船，把橹自摇。惠能曰："请和尚坐，弟子合摇。"祖云："合是吾渡汝。"惠能云："迷时师度，悟了自度。"

【麻将词条】

白板与么鸡成刻或碰出，自摸红中做将牌。自摸红中指代觉悟成道自度，白板指代迷糊不觉，么鸡指代师父（麻雀是送谷神，启迪人类学会种水稻）。

【禅修词条】**心平何劳持戒**

【释义】戒律本不存在，但对没有定力的人来说就需要戒律。一个人内心平和，就不会随境起烦恼，他的行为从自性里端正正直，从不触犯戒律，持戒和修禅对他来说就没有必要了。因为没有一点压抑与刻意，所以他活得快乐自在，无忧无虑。

【出处】惠能《六祖坛经》："心平何劳持戒，行直何用修禅。"

【麻将词条】心平何劳持戒

一筒与白板成刻或碰出，自摸八索做将牌。八与"不"谐音，自摸八索指代不用自我束缚（持戒）；一筒指代心；白板指代平静、平和。

【禅修词条】顿悟法门

【释义】指顿然领悟。顿悟是禅宗的一个法门，相对于渐悟法门。也就是六祖惠能提倡的"明心见性"法门。顿悟主要是通过灵感来完成的，就时间来说可能是瞬间，这与密宗的理念是同一意趣。

【出处】惠能《六祖坛经》。

【麻将词条】顿悟法门

一筒、五筒、绿发与白板成刻或碰出，自摸红中做将牌。自摸红中指代成道，发谐音法，白板指代门，一筒、五筒寓意顿悟。

【禅修词条】虚己容物度量大

【释义】一个人想成就佛道，就需要经常自我反省、自我约束，不烦不怒，心如虚空，宠辱不惊。

【出处】惠能《六祖坛经》。

【麻将词条】虚己容物度量大

五索、八万成刻或碰出，自摸白板做将牌。五索谐音吾束，八万谐音不烦，白板指代虚心、度量大。

【禅修词条】五蕴皆空

【释义】五蕴：佛家语，指色、受、想、行、识。众生由此五者积集而成身，故称五蕴。五蕴皆空，即达到佛家修行的最高境界。

【出处】《心经》："观自在菩萨，行深般若波罗蜜多时，照见五蕴皆空，度一切苦厄。"

【麻将词条】五蕴皆空

五索、五筒、五万成刻或碰出，白板做将和牌。五索、五筒、五万指代五蕴，白板寓意空白。

【禅修词条】春有百花秋有月

【释义】在人世间,随处都可以发现动人的美景。就一年四季来说,春天有百花盛开的景致,令人心旷神怡;夏天有习习凉风,使人备感清凉;秋天有皎洁的明月,当空朗照;冬天有皑皑白雪,给人带来银装素裹的世界。如果能没有闲事烦心,没有忧思悲恐惊缠绕心田,那么每年每季每天都将是人间最好的时节。

【出处】无门慧开《禅宗无门关》:"春有百花秋有月,夏有凉风冬有雪。若无闲事挂心头,便是人间好时节。"

【麻将词条】春有百花秋有月

春与秋两张花牌,五筒、一筒成刻或碰出,红中做将和牌。春与秋两张花牌表示春天与秋天;五筒有五个花瓣,象征百花;一筒形同满月;红中寓意称心如意。

七、"三十六计"麻将说

"三十六计"或称"三十六策",是指中国古代三十六个兵法策略,语源于南北朝,成书于明清。

(一)胜 战 计

【麻将词条】瞒天过海

发(指代天)与索子(船缆绳索指代船)混一色,白板(指代海洋)做将和牌。

【麻将词条】围魏救赵

白板(象征围)、一筒(形同魏国圜钱,指代魏)、九筒(九谐音救)、七筒(形同赵刀,指代赵)成刻或碰出和牌。(另外,主家故意点炮和小牌,打败别家和大牌的企图也可算是该计的灵活运用。算主家为一炮两响赢家之一。)

【麻将词条】借刀杀人

吃或碰别家七筒（七筒类似刀）后和牌；或故意放水让下家吃三摊和小牌，不让上家和对家和大牌。

【麻将词条】以逸待劳

门清（不吃不碰不杠，不求人），自摸或别人点炮和牌。

【麻将词条】趁火打劫

万字一色（红火，寓意万贯家财），单吊（打劫）发（发财）和牌。

【麻将词条】声东击西

东风碰出，单吊西风和牌。

（二）敌战计

【麻将词条】无中生有

白板（无）、红中（中）、发（发育、生有）成刻或碰出，幺鸡做将（送谷神给人类送来谷种）和牌。

【麻将词条】暗度陈仓

这个计谋的核心是"暗"，暗就是深藏不露，先打掉全部字牌，不吃也不碰，表面上做平和牌，实际上自摸做成清一色大牌。

【麻将词条】隔岸观火

万字一色，可以含红中（象征火），白板（象征海岸）做将和牌。

【麻将词条】笑里藏刀

白板（象征白刀子）、发（形似奸笑）成刻或碰出，红中（象征红刀子）为将和牌。

【麻将词条】李代桃僵

主家打个发让别家碰出,别家打出红中使主家碰出和牌。发为青绿色,象征李子;中是红色,象征红桃子。

【麻将词条】顺手牵羊

六筒或六索、六万(寓意六六大顺)杠开,抓到一只八索(M 指代美,羊大为美)后和牌。

(三)攻 战 计

【麻将词条】打草惊蛇

索子一色(指代绿草),碰或吃(寓意打草)后,单吊发[发(發)内有"弓",象征杯弓蛇影之蛇]和牌。

【麻将词条】借尸还魂

单吊和(寓意还魂)绝张(寓意借用尸体)。

【麻将词条】调虎离山

主家打出一张五字牌(五谐音虎),别家吃或碰后,打出一张三字牌(三谐音山)被主家和牌。

【麻将词条】欲擒故纵

主家打出一只红中(中谐音纵),被别家碰出,别家打出幺鸡(鸡属禽,谐音擒),被主家擒获和牌。

【麻将词条】**抛砖引玉**

主家打出一张任意杂牌(象征砖),别家吃或碰出,然后打出白板(象征白玉)被主家碰出或单吊和牌。

【麻将词条】**擒贼擒王**

万字一色(指代成千上万的众多贼兵),单吊红中(指代中军贼王,古时行军作战部队分上、中、下,或左、中、右三军,由主帅所居中军发号施令)和牌。

(四)混战计

【麻将词条】**釜底抽薪**

故意给做大牌的别家吃或碰,自己快速平和。

【麻将词条】**浑水摸鱼**

索子混一色("混"谐音"浑",寓意浑水),自摸索子(象征一条条的鱼)或发[年年有余(谐音鱼)就能发]。

【麻将词条】**金蝉脱壳**

筒子(指代金蝉)一色,白板(象征白色蝉蜕壳)做将和牌。

【麻将词条】**关门捉贼**

白板(象征关门),筒子混一色(筒子即铜钱,作引诱盗贼上当的饵钱),单吊红中(使贼中招被捉)和牌。

【麻将词条】**远交近攻**

碰对家三摊(远交),上家或下家点炮和牌(近攻)。

【麻将词条】**假道伐虢**

吃或碰下家三摊（寓意借道），对家点炮和牌（伐虢）。

（五）并 战 计

【麻将词条】**偷梁换柱**

索子一色（索子类似一根根屋梁），红中（寓意中流砥柱）做将和牌。

【麻将词条】**指桑骂槐**

二索、二筒、二万（二是双，谐音桑）成刻或碰出，万字牌（万谐音槐）做将和牌。

【麻将词条】**假痴不癫**

假装和杂牌（小牌），实际上自摸和大牌。

【麻将词条】**上屋抽梯**

给下家吃三摊，然后引诱下家点炮和牌。

【麻将词条】**树上开花**

红中（形似大树）、五筒（形似花朵）成刻或碰出，幺鸡（象征麻雀停在假的花树上使敌中计）做将和牌。

【麻将词条】**反客为主**

起手牌很烂，化被动为主动，打十三不靠和牌。

（六）败战计

【麻将词条】美人计

主家打一张八索（八索由英文 M 一正一倒组成，MM 指代美女），别家碰或吃，然后打出一张任意牌被主家擒获和牌。

【麻将词条】空城计

白板（象征空城）红中幺鸡（谐音中计）成刻或碰出和牌。

【麻将词条】反间计

全部吃上家嵌档和牌（充分利用对手的牌和牌，中间嵌挡象征反间）。

【麻将词条】苦肉计

把混一色牌中的字牌打出去让别家碰出，主家和清一色大牌。

【麻将词条】连环计

筒子一色（形同连环），红中（使敌中计以为是做筒子一色）做将和牌。

【麻将词条】走为上计

手中牌都吃或碰走光，只剩独张单吊和牌。

参考文献

巴卡:《中日麻将文化杂谈》,《体育文化导刊》2007 年第 12 期。

杜亚泉:《博史》,开明书店 1933 年版。

蒋益文:《麻将的来龙去脉》,《文史天地》2009 年第 11 期。

赖某深、岳苏明:《民国时期的麻将热》,《文史杂谈》1999 年第 5 期。

林国清:《麻将文化透析》,《福建公安高等专科学校学报》1999 年第 4 期。

倪依克:《麻将运动的文化价值》,《云梦学刊》1999 年第 4 期。

齐音:《"麻将"产生的传说》,《体育文史》1995 年第 4 期。

沈一帆:《绘图麻雀牌谱》,大声图书局 1916 年版。

苏小虎:《麻将游戏软件的听牌牌型分析》,《电脑知识与技术》2011 年第 11 期。

万秀峰:《麻将小考》,《紫荆城》2008 年第 1 期。

徐珂:《清稗类钞》,中华书局 1986 年版。

于光远、马娣慧:《休闲·游戏·麻将》,文化艺术出版社 2006 年版。

附录

中国麻将竞赛规则(试行)

1998 年 7 月国家体育总局审定

前 言

麻将起源于中国,原属皇家和王公贵胄的游戏,其历史可追溯到三四千年以前。在长期的历史演变过程中,麻将逐步从宫廷流传到民间,至清朝中叶基本定型。

麻将运动不仅具有独特的游戏特点,而且具有集益智性、趣味性、博弈性于一体的运动魅力及内涵丰富、底蕴悠长的东方文化特征,因而成为中国传统文化宝库中的一个重要组成部分。

麻将运动在我国广大的城乡十分普及,流行范围涉及到社会各个阶层、各个领域,已经进入到千家万户,成为我国最具规模和影响力的智力体育活动。麻将运动的客观存在是当今中国任何人都无法回避的现实。

作为一种中国传统的文化现象,麻将运动确有其表现形式上的多元性。正因为如此,有人认为,麻将是中国传统文化的一个重要组成部分,其独特价值堪称国之瑰宝;也有人深恶痛绝,认为麻将是赌博之首,其罪恶程度几与吸毒无异。

麻将与赌博并没有必然联系。新中国成立以后,赌博消失了,麻将却在人们的业余文化生活中健康地存在了许多年。今天,当有人用麻将作赌具的时候,其罪责,当不在麻将。橘生于淮南谓之橘,植于淮北谓之枳。事在人为。

对于具有广泛的群众参与的麻将运动,既不能采取简单肯定的方法,不加筛选和比较,全盘接纳;也不能采取断然否定的方法,无视现实,不加分析地一律加以排斥。将孩子与脏水一起泼掉，不是辩证唯物主义的科学态度。充分地看到麻将运动本身所具有的积极的社会意义和其本身滋生的弊端，采取扬弃的方法对其进行积极的疏导和改造，弃恶扬善，除旧布新，才是使这项传统的智力运动走上健康、文明的发展之路的当然之举。

纵观人类的体育发展史，任何一种体育项目，都要经过玩耍(PLAY)—游戏(GAME)—竞技(SPORT)这样一个由低级向高级的发展过程，这正是体育项目从无序到有序，从混乱到正规的必由之路，也是体育项目发展的自我保护机制。麻将运动发展到今天，已经规律性地走到了即将产生质变的阶段。如果忽视了这一点，袖手旁观，任其恣意演变，以至全面沦落为赌博工具，滑入罪恶的泥潭，才是真正的悲剧。

从这个意义上说，目前我国麻将运动的客观现实，确已到了必须正面引导的地步。多年来全国各地，特别是在军队、地方的老干部中组织的此起彼伏的竞技麻将比赛，在麻将向健康化、竞技化方面所进行的积极有益的探索，无疑反映了人民群众要求对麻将运动正确发展方向的有益尝试，也使我们看到，开展健康的、积极的、规范的麻将竞赛，不仅有利于弘扬传统文化，推动我国社会主义精神文明建设，更是与满足人民群众日益增长的物质文化需要的根本目标相辅相成的。

正是为了达到这样的目的，国家体育总局授权社会体育指导中心组织专人，历时两年多，对麻将运动的现状、历史、文化含量、理论范畴等方面进行了深入、细致的调查研究工作。其间，不仅多次主持召开了由社会学、体育学、体育运动管理学等多学科专家参加的麻将理论专题研讨会，试办了不同规模的麻将竞技比赛，而且还对社会不同阶层，进行了大量摸底抽样调查，从而摸索出一套既有理论基础，又有实践经验的切实可行的麻将运动竞赛规律。大量的事实证明：麻将运动可以以健康、文明的体育竞赛的形式存在和发展。《中国麻将竞赛规则(试行)》就是在这样的背景下逐步研制形成的。

制定的《中国麻将竞赛规则(试行)》，使麻将成为和其他智力体育项目一样的健康运动，发挥其应有的积极的社会功能，是我们组织开展这项工作的基本动因。

在制定《规则》的过程中,我们在继承、保持麻将运动文化特征的基础上,力求克服传统麻将本身的不足,以体现时代的要求。一是体现健康性的指导思想,二是按照现代体育运动的要求规范竞赛过程,三是尽可能体现科学性,以减少偶然性对运动员的影响。我们希望,以此为起点,通过若干年的努力,使中国的麻将运动逐步成为统一的、人民群众喜爱的、符合现代体育特征的智力体育项目。

在研究摸索《中国麻将竞赛规则(试行)》的过程中,我们也看到,对有着长期历史沿革的麻将娱乐活动进行科学改造,同样需要一个过程。这不仅是因为麻将运动本身复杂的表现形式,需要反复归纳、比较、筛选和提炼,而且还需要从观念上冲破历史所形成的偏见。因此,对麻将进行改革,用科学的理念和严格的规范,赋予麻将运动全新的文化内涵,绝非一朝一夕之事。

制定《规则》的过程中,我们收到了来自全国各地的广大群众的大量来信。绝大多数来信积极支持我们对麻将进行改革,这使我们对于完成"鼓励竞技麻将、引导休闲麻将、反对赌博麻将,使麻将运动走上健康发展的轨道"的任务充满信心。借此机会向所有关心麻将改革的人们,包括对我们提出批评意见的人们致以敬意。

这部《中国麻将竞赛规则(试行)》,是在广泛征求专家和各界人士意见的基础上,几易其稿,反复修改后形成的。虽然基本上能够反映麻将运动的一些普遍规律,但还存在着一定的局限性,尚需经过多方推敲和反复检验,才能逐步趋于完善。因此,我们诚恳地希望全国的麻将运动爱好者,在实践中不断地对此加以修改和提炼,以帮助我们更好地开展这项工作。

国家体育总局社会体育指导中心

《中国麻将竞赛规则》编写组

1998 年 6 月 15 日

第一章　总　则

第一条　宗　旨

为了规范中国麻将竞赛活动,引导麻将运动逐步走向科学、规范、健康的轨道,提高麻将运动技术水平,丰富人民群众的文化生活,坚决反对以麻将牌作为工具进行赌博的行为,提倡健康的麻将竞赛,更好地为社会主义精神文明建设服务,特制定本《规则》。

第二条　行为准则

一、运动员

运动员应为年满 18 周岁的非在校学生。要有良好的文化素养、意志品质及道德作风。自觉遵守《运动员守则》,遵守比赛规则,赛场纪律,服从裁判。

二、裁判员

裁判员及竞赛工作人员必须遵守《裁判员守则》,根据竞赛规则、规程及裁判法的规定,严肃、认真、公正、准确执行竞赛任务。

三、礼仪

(一)运动员、裁判员、工作人员必须着装整洁,言谈举止文明。

(二)比赛开始前,运动员、裁判员应安静有序地入场。

(三)裁判长宣布比赛开始时,运动员按裁判长的示意时,运动员、裁判员相互握手致谢。

(四)比赛进行期间,严禁场内吸烟,保持肃静。

第二章　比赛器材和场地

第三条　麻将牌及辅助用具

全国性和省、自治区、直辖市的麻将竞赛及各种正规比赛,必须使用由国家体育总局社会体育指导中心审定或确认的牌具。

一、麻将牌

全副牌共有 6 类 42 种图案,144 张。

(一)序数牌合计 108 张

1.万子牌:从一万至九万,各 4 张,共 36 张。

2.饼子牌:从一饼至九饼,各 4 张,共 36 张。

3.条子牌:从一条至九条,各 4 张,共 36 张。

(二)字牌合计 28 张

1.风牌:东、南、西、北,各 4 张,共 16 张。

2.箭牌:中、发、白,各 4 张,共 12 张。

(三)花牌:春、夏、秋、冬,梅、兰、竹、菊,各一张,共 8 张。

竞赛用麻将牌应质地平整、坚实、光滑,牌面图案花纹及字迹清晰工整。全副麻将大小厚薄、色彩及质地要统一,每张牌背面颜色、质地要相同。

二、记分卡

记分工具,分别为 1、8、10、50、100 等分值。

三、骰子

立方体,手掷骰子的规格为 1～1.5 厘米,质地坚实、平整、光滑,六个面分别刻有 1～6 个点,1 的背面为 6,2 的背面为 5,3 的背面为 4,骰体为实心,重心在中心点。其中 1 点和 4 点为红色,其余为蓝色或黑色,各点着色明显。

第四条　场地器材

一、场地

场地面积必须能够容纳竞赛规程规定的运动员同时出场比赛。场地环境安静、清洁、通风良好、室内明亮,运动员背后不得有镜子或任何反光物体,桌面到垂直 2 米上空,到少有 100(Lx)以上的照度,并安排一旦发生意外事故的安全疏散通道。

二、牌桌

桌面为正方形,边长为 80～95 厘米,高度适中,平稳牢固(亦可使用通过审定的自动麻将机)。如使用木质或石质的牌桌面时,上面应铺桌布及与桌面面积相同的桌垫,厚度不高于 0.5 厘米。

三、座椅

每张牌桌配 5 把座椅(包括裁判员座椅),大小高低与牌桌相适应。

四、记分表

用于记录比赛成绩。

五、方向标志

比赛场地应在自然方向的东方设直径为 60～90 厘米的"东"字牌,以便确定运动员就座的方位。

六、时钟

比赛现场应在明显位置悬挂一座标准竞赛计时钟。

七、秒表

计算时限。

第三章 比赛通则

第五条 基本术语及一般规定

一、轮

行牌一周为一轮。

二、盘

每次起牌到和牌或荒牌为一盘。

三、圈

四人各坐一次庄为一圈。

四、局

每打完四圈或达到规定时间为一局。

五、圈风

每局比赛圈数的标志。第一圈为东风圈,第二圈为南风圈,第三圈为西风圈,第四圈为北风圈。

六、门风

运动员每盘座位的标志。庄家为东风,下家为南风,对家为西风,上家为北风。

七、定位

运动员按抽签号码确定的桌号及方位。

八、庄家、旁家

门风东者为庄家,其余均为旁家。无论是否和牌,庄家不连庄。

九、轮转

运动员在比赛过程中按竞赛规程的规定进行位置调换。

十、手牌

摆在自己门前的牌为手牌,标准数为 13 张。行牌过程中包括摆亮在门前的顺子、刻子、杠;开杠多出的牌补花不计算在 13 张标准牌数内。

十一、将牌

按基本牌型和牌时必须具备的单独组合的对子。

十二、顺子

3 张同花色序数相连的牌。

十三、刻子

3 张相同的牌。碰出的为明刻,抓在手中的为暗刻。

十四、对子

两张相同的牌。

十五、字牌

指风牌和箭牌,风牌为东、南、西、北。箭牌为中、发、白。

十六、幺九牌

序牌中的一、九及字牌。

十七、吃牌

指上家打出牌后,报"吃"者把自己的两张牌取出加在一起组成顺子,并且按规定将此副牌摆亮在立牌前。

十八、碰牌

指任一家打出牌后,报"碰"者把自己的对子取出,加在一起组成一副刻子,并且按规定将此副牌摆亮在立牌前。

十九、杠

报开杠的 4 张相同的牌。

二十、补花

抓到花牌后,明放在立牌前,并从牌墙最后补一张牌。

二十一、听牌

只差所需要的一张牌即能和牌的状态。

二十二、和牌

符合规定的牌型条件,达到或超过起和分标准并报和牌的行为。

二十三、自摸和

自己抓进成和的牌,并报和牌。

二十四、点和

和他人打出的牌。

二十五、报牌

行牌者宣布吃牌、碰牌、开杠、补花或和牌。

二十六、番种

是具有一定分值的各种牌张组合的形式或和牌方式的称谓。

二十七、罚张

被判定受处罚的牌。

二十八、单放

自摸成和牌的那一张牌,不可随意插入手牌之中,应单独摆放,以便核查。

二十九、多张、少张

和牌前,手牌数多于或少于规定的数量。

三十、荒牌

每盘抓完第 144 张牌,打出后仍无人和牌。

三十一、诈和

不符合《规则》规定条件而宣布和牌。

三十二、牌墙、牌城

四人各自在门前码成 18 墩牌,即称牌墙。四道牌墙左右相接称牌城。

三十三、牌池

即四道墙围起的区域。

三十四、比赛分

用于体现竞赛成绩的衡量单位。比赛过程中,以下术语均以比赛分计算。

(一)基础比赛分:每局开始前运动员所具有的基础分数并体现为所配备记分卡的分值的总和。标准为 500 分。记分卡的数量为:100 分 1 枚、50 分 4 枚、10 分 10 枚、8 分 10 枚、1 分 20 枚。

(二)起和分:和牌必须达到的最低分数(8 分)。花牌分不计在起和分内。

(三)基本分:和牌后,各个番种分数的总和。

(四)罚分:因运动员违反《规则》而被判罚减去的分数。

(五)底分:未和牌方必须向和牌方所付的分数,分值为 8 分。

(六)盘分:运动员在每盘比赛中所得失的比赛分。

(七)局分:一局比赛结束时,各盘比赛分及基础比赛分的总和。

三十五、标准分

比赛中用于计算成绩的记分单位。根据运动员在小组获得的比赛分排定的名次换算出来的分数。

第六条　比赛程序的规定

一、参赛队

每队应有领队一人,运动员四人,或可增加替补队员一人。

二、赛制

比赛采用桌四人制。

三、比赛方法

按竞赛规程规定执行。

四、比赛时间

每局比赛时间为 3 小时,中场休息 15 分钟。比赛在规定时间内完毕,即本局结束;每局最后一盘比赛结束前 15 分钟,由裁判长报时,以提醒各队。比赛已到规定时间,一盘比赛尚在进行,应裁判长宣布到时,即为一局(盘)比赛结束,按已取得的分数计算成绩。

五、比赛进行

(一)检录

运动员按比赛规定时间,到指定地点报到、检录。

(二)运动员入场就座

运动员应按规定时间提前入场,依抽签结果就座。由裁判员检查定位、定庄,并分发、检查记分卡的数量与分值。

(三)洗牌步骤

1.运动员一起把牌全反扣过来,使牌面朝下。

2.运动员双手搓动牌,使牌均匀而无序地运动。注意避免相同或相连的牌集拢在一起。洗牌时,主要是搓动自己面前的牌,把自己面前的牌推向中央,在牌桌中央搓动。

3.裁判员认为搓牌不够均匀,可以要求运动员继续搓动或停止洗牌,裁判员本人继续洗牌(使用自动麻将机除外)。

(四)码牌

裁判员宣布码牌,每人码 36 张牌,两张牌上下摞在一起为一墩,各自为 18 墩,并码成牌墙摆在自己门前,四人牌墙左右相接成正方形。

(五)掷骰与开牌

1.采用两次掷骰办法。掷骰者必须手持两个骰,从牌池中央上空 20~30 厘米高度掷出。禁止用一个骰打另一个骰,或放到牌墙上吹出去的做法。

2.庄家首先掷骰,其所得的点数,既是开牌的基数,也是决定第二位掷骰者数。庄家掷点,以庄家为第一位,按逆时针方向顺序,庄为东,点数为 5、9 点;庄下家为南,占 2、6、10 点;庄对门为西,占 3、7、11 点;庄上家为北,占 4、8、12 点。根据庄家掷骰的点数,再由点数者第二次掷骰。

3.第二掷骰者掷点,两次掷骰的点数相加之和作为开牌依据。

4.开牌。在第二次掷骰者所码的牌墙,从右向左依次数到与点数相同的那一墩,由庄家开始抓下两墩牌,再按顺时针方向顺序抓牌,直到每个人抓 3 次共 12 张牌,再由庄家跳牌(隔一墩)抓上层两牌,其他人依次各抓一张。庄家共有 14 张牌,其他人各有 13 张牌。

(六)理牌、审牌、补花

分类整理手中的牌,整齐排列,并审视牌势。如手中有花牌,首先由庄家补花,再由南家、西家、北家逐次补完,全部时间不得超过 30 秒,然后庄家打出第一张牌。

(七)行牌

打牌进行过程。此过程包括抓牌、出牌、吃牌、碰牌、开杠(明杠、暗杠)、补花直至和牌或荒牌。

第七条　行牌规定

一、语言规范

行牌过程只能使用"吃牌"、"碰牌"(不能代替开杠)、"杠牌"(不能用碰牌代替)、"和牌"、"补花"等词语,凡吃、碰、杠、和都必须以上述规范语言报牌;不能使用"等等""稍等""看看"之类的词语。出牌不报牌名。

二、行牌顺序

依座次的逆时针方向进行抓牌、出牌、吃牌、碰牌、杠牌、补牌、和牌。

三、抓牌

按逆时针方向进行。顺序是庄家、南家、西家、北家。抓牌时,上家打出牌后,自己才能抓牌,上家未打出牌,自己不能动手摸牌。

四、出牌

凡是抓进或吃、碰、开杠、补花后,不和牌便要打出一张牌。庄家第一次从抓牌完毕(包括补花)到出牌的限定时间为 30 秒。此后,包括各家,每次从上家打出牌后,到自己出牌的时限为 15 秒(包括吃牌、碰牌、补花);允许同时打出吃进的牌;打出的牌必须先放在自己门前明示一下,然后归入牌池内;放入牌池内的牌子要有序地从左向右摆放,放置到第 6 张后,再依次另放一行,排列要整齐,以便于观察。

五、吃牌

上家打出牌,与自己手中的牌可以组成一副顺子,便可以报吃,把组成的顺子摆亮在立牌前。允许同时吃进(或碰)打出的牌;允许吃碰(杠)、和跟张打出的牌;报吃应稍慢些。

六、碰牌

有人打出的牌与自己手中的对子相同,便可报碰,组成一副刻子并摆亮在立牌前。"碰"比"吃"优先。碰牌要快,要在 3 秒之内报出。

七、开杠

报开杠后应即在牌墙最后补进一张牌。吃牌时,手中有杠牌,不能开杠。只能在下一次自己抓进牌后才能开杠。"杠"比"吃"优先。杠分以下两种。

(一)明杠:别人打出一张与手中的暗刻相同的牌,即可报杠(不再计暗刻)。或者抓进一张与已经碰的刻子牌相同,也可报开杠,明杠须明放在自己立牌前。有明杠不再计"门前清"。

(二)暗杠:自己抓到 4 张相同的牌,即可报开杠。暗杠应扣放在自己立牌子前。在一家和牌或荒牌时,必须亮明,以便其他三家查实,戒有诈杠。暗杠不影响"门前清"。

八、摆放牌

凡吃、碰、杠上家牌,要横放在亮出牌的左边;碰、杠对家牌要横放在亮出牌的两张之间;碰、杠下家牌,要横放在亮出牌的右边。

第八条 和牌的规定

一、和牌的程序

和牌者首先必须报和牌,并将手牌整理后亮明,报出自己和牌的番种、分数,再经其他三家的公认和裁判审定。其他三家在和牌确认之前,不得将自己的手牌放倒。

二、和牌的要求

(一)和牌者的牌型必须具备下列牌型之一

1.和牌的基本牌型

(1)11、123、123、123、123。

(2)11、123、123、123、111(1111,下同)。

(3)11、123、123、111、111。

(4)11、123、111、111、111。

(5)11、111、111、111、111。

2.和牌的特殊牌型

(1)11、11、11、11、11、11、11(七对)。

(2)1、1、1、1、1、1、1、1、1、1、1、1、11(十三幺)。

(3)1、1、1、1、1、1、1、1、1、1、1、1、1、1(全不靠)。

(注:1=单张,11=将、对子,111=刻子,1111=杠,123=顺子)

(二)和牌的方式

1.自摸和:自己抓牌成和牌(包括杠上开花、补花和)。

2.点和:和他人打出的牌(包括抢杠和)。

(三)和牌者

一盘只能有一位和牌者。如有一人以上同时表示和牌时,从打牌者按逆时针方向,顺序在前者被定为"和牌者"。

第九条　番种的分值与计分

本《规则》认定的番种共有81种,分为9个系列,即:字牌系列、序数牌系列、刻系列、七对系列、花色组合系列、全带系列、不靠系列、和牌方式系列、特殊系列。

分值是以比赛分为单位,对不同难度组成的番种的量化评价。分值分为12级,依次为88、64、48、32、24、16、12、8、6、4、2、1分。

在符合和牌条件时,不同系列的番种可以按照计分原则,根据下表的分值,相互组合计分。

分值	序号	番种	定义
88	1	大四喜	由 4 副风刻(杠)组成的和牌。不计圈风刻、门风刻、三风刻、碰碰和
	2	大三元	和牌中,有中发白 3 副刻子。不计箭刻
	3	绿一色	由 23468 条及发字中的任何牌组成的顺子、刻子、将的和牌。不计混一色。如无"发"字组成的和牌,可计清一色
	4	九莲宝灯	由一种花色序数牌按 1112345678999 组成的特定牌型,见同花色任何 1 张序数牌即成和牌。不计清一色
	5	四杠	4 个杠
	6	连七对	由一种花色序数牌组成序数相连的 7 个对子的和牌。不计清一色、不求人、单钓
	7	十三幺	由 3 种序数牌的一、九牌,7 种字牌及其中一对作将组成的和牌。不计五门齐、不求人、单钓
64	8	清幺九	由序数牌一、九刻子组成的和牌。不计碰碰和、同刻、无字
	9	小四喜	和牌时有风牌的 3 副刻子及将牌。不计三风刻
	10	小三元	和牌时有箭牌的两副刻子和将牌。不计箭刻
	11	字一色	由字牌的刻子(杠)、将组成的和牌。不计碰碰和
	12	四暗刻	4 个暗刻(暗杠)。不计门前清、碰碰和
	13	一色双龙会	一种花色的两个老少副,5 为将牌。不计平和、七对、清一色
48	14	一色四同顺	一种花色 4 副序数相同的顺子,不计一色三节高、一般高、四归一
	15	一色四节高	一种花色 4 副依次递增一位数的刻子,不计一色三同顺、碰碰和
32	16	一色四步高	一种花色 4 副依次递增一位数或依次递增二位数的顺子
	17	三杠	3 个杠
	18	混幺九	由字牌和序数牌一、九的刻子及将牌组成的和牌。不计碰碰和
24	19	七对	由 7 个对子组成的和牌。不计不求人、单钓
	20	七星不靠	必须有 7 个单张的东西南北中发白,加上 3 种花色,数位按 147、258、369 中的 7 张序数牌组成没有将牌的和牌。不计五门齐、不求人、单钓
	21	全双刻	由 2、4、6、8 序数牌的刻子、将牌组成的和牌。不计碰碰和、断幺
	22	清一色	由一种花色的序数牌组成的和牌。不计无字

续表

分值	序号	番种	定义
24	23	一色三同顺	和牌时有一种花色 3 副序数相同的顺子。不计一色三节高
	24	一色三节高	和牌时有一种花色 3 副依次递增一位数字的刻子。不计一色三同顺
	25	全大	由序数牌 789 组成的顺子、刻子(杠)、将牌的和牌。不计无字
	26	全中	由序数牌 456 组成的顺子、刻子(杠)、将牌的和牌。不计断幺
	27	全小	由序数牌 123 组成的顺子、刻子(杠)、将牌的和牌。不计无字
16	28	清龙	和牌时,有一种花 1~9 相连接的序数牌
	29	三色双龙会	2 种花色 2 个老少副、另一种花色 5 作将的和牌。不计喜相逢、老少副、无字、平和
	30	一色三步高	和牌时,有一种花色 3 副依次递增一位或依次递增二位数字的顺子
	31	全带五	每副牌及将牌必须有 5 的序数牌。不计断幺
	32	三同刻	3 个序数相同的刻子(杠)
	33	三暗刻	3 个暗刻
12	34	全不靠	由单张 3 种花色 147、258、369 不能错位的序数牌及东南西北中发白中的任何 14 张牌组成的和牌。不计五门齐、不求人、单钓
	35	组合龙	3 种花色的 147、258、369 不能错位的序数牌
	36	大于五	由序数牌 6~9 的顺子、刻子、将牌组成的和牌。不计无字
	37	小于五	由序数牌 1~4 的顺子、刻子、将牌组成的和牌。不计无字
	38	三风刻	3 个风刻
8	39	花龙	3 种花色的 3 副顺子连接成 1~9 的序数牌
	40	推不倒	由牌面图形没有上下区别的牌组成的和牌,包括 1234589 饼、245689 条、白板。不计缺一门
	41	三色三同顺	和牌时,有 3 种花色 3 副序数相同的顺子
	42	三色三节高	和牌时,有 3 种花色 3 副依次递增一位数的刻子
	43	无番和	和牌后,数不出任何番种分(花牌不计算在内)
	44	妙手回春	自摸牌墙上最后一张牌和牌。不计自摸
	45	海底捞月	和打出的最后一张牌

分值	序号	番种	定义
8	46	杠上开花	开杠抓进的牌成和牌（不包括补花）。不计自摸
	47	抢杠和	和别人自抓开明杠的牌。不计和绝张
6	48	碰碰和	由 4 副刻子（或杠）、将牌组成的和牌
	49	混一色	由一种花色序数牌及字牌组成的和牌
	50	三色三步高	3 种花色 3 副依次递增一位序数的顺子
	51	五门齐	和牌时 3 种序数牌、风、箭牌齐全
	52	全求人	全靠吃牌、碰牌、单钓别人打出的牌和牌。不计单钓
	53	双暗杠	2 个暗杠
	54	双箭刻	2 副箭刻（或杠）
4	55	全带幺	和牌时，每副牌、将牌都有幺牌
	56	不求人	4 副牌及将中没有吃牌、碰牌（包括明杠），自摸和牌
	57	双明杠	2 个明杠
	58	和绝张	和牌池、桌面已亮明的 3 张牌所剩的第 4 张牌（抢杠和不计和绝张）
2	59	箭刻	由中、发、白 3 张相同的牌组成的刻子
	60	圈风刻	与圈风相同的风刻
	61	门风刻	与本门风相同的风刻
	62	门前清	没有吃、碰、明杠，和别人打出的牌
	63	平和	由 4 副顺子及序数牌作将组成的和牌，边、坎、钓不影响平和
	64	四归一	和牌中，有 4 张相同的牌归于一家的顺子、刻子、对子、将牌中（不包括杠牌）
	65	双同刻	2 副序数相同的刻子
	66	双暗刻	2 个暗刻
	67	暗杠	自抓 4 张相同的牌开杠
	68	断幺	和牌中没有一、九及字牌
1	69	一般高	由一种花色 2 副相同的顺子组成的牌
	70	喜相逢	2 种花色 2 副序数相同的顺子
	71	连六	一种花色 6 张相连接的序数牌

续表

分值	序号	番种	定 义
1	72	老少副	一种花色牌的123、789两副顺子
	73	幺九刻	3张相同的一、九序数牌及字牌组成的刻子(或杠)
	74	明杠	自己有暗刻,碰别人打出的一张相同的牌开杠;或自己抓进一张与碰的明刻相同的牌开杠
	75	缺一门	和牌中缺少一种花色序数牌
	76	无字	和牌中没有风、箭牌
	77	边张	单和123的3及789的7或1233和3、7789和7都为边张。手中有12345和3,56789和7不算和边张
	78	坎张	和2张牌之间的牌。4556和5也为坎张,手中有45567和6不算坎张
	79	单钓将	钓单张牌作将成和
	80	自摸	自己抓进牌成和牌
	81	花牌	即春夏秋冬,梅兰竹菊,每花计一分。不计在起和分内,和牌后才能计分。花牌补花成和计自摸分,不计杠上开花

第十条　比赛成绩的计算

一、盘的计分

每盘计分以和牌为前提条件,以比赛分为基本计算单位,根据计分原则,参照分值表进行计分。

(一)和牌的前提

1.必须符合规则规定的牌型。

2.番种分值之和至少为8分。

3.符合规定的和牌方式。

(二)和牌分数的组成结构

由底分、基本分及罚分组成。

1.底分:指和牌后,未和牌方必须向和牌方所付的比赛分,分值为8分。

2.基本分:指和牌后,各个番种分数和总和。

3.罚分:指裁判员对运动员在行牌过程中犯规所判罚的分,应在每盘结束时扣除。

(三)分数的计算

每盘和牌后按以下公式计算分数

1.自摸:(底分＋基本分)×3方(未和牌方)

2.点和:底分×3方(未和牌方)＋基本分×1方(点和方)

(四)计分程序

计分采用自报、公议、裁判员核定的程序。和牌者宣布所得分数后,经过同桌运动员公认,由裁判员核定,并在和牌中翻扣一张牌,表示盘分计算程序结束。和牌者或他人不得再重新审核或追补漏报番种。裁判员按规定要求,在《比赛成绩记录表》中记录比赛有关事项,并要运动员、裁判员签字。

(五)基本分的计分原则

本《规则》规定的《番种分值表》是和牌计分的依据。和牌后,首先根据《番种分值表》确定主体番种,并对无必然联系的各个番种进行组合,累加计分。计分时,还须遵循以下原则。

1.不重复原则

当某个番种,由于组牌的条件所决定,在其成立的同时,必然并存着其他番种,则其他番种不重复计分。

2.不拆移原则

确定一个番种后,不能将其自身再拆开互相组成新的番种计分。

3.不得相同的原则

凡已组合过某一番种的牌,不能再同其他一副牌组成相同的番种计分。

4.就高不就低原则

有两副以上的牌,有可能组成两个以上的番种,而只能选其中一种计分时,可选择分高的番种计分。

5.套算一次原则

如有尚未组合过的一副牌,只可同已组合过的相应一副牌套算一次。

二、局的计分

（一）局分

一局比赛中每盘得失的比赛分与基础比赛分的总和为局分。局分不带入下一局比赛。

（二）标准分

按运动员在该局所得的局分多少排出名次进行核算。标准分的换算方法是，同组第一名得分等于参赛选手的人数，其他人得分为参赛选手数减本人所得名次。

第十一条　名次评定

团体名次，按该队运动员在各局比赛中所得标准分的总和排定。个人名次，按运动员在各局比赛所得标准分之和排定。排名次时，如标准分相等，则按下列原则依序决定名次：

一、比赛分之和多者列前。

二、单局标准分最高者列前。

三、单局标准分高分多者列前。

第十二条　比赛缺席的处理办法

一、可按比赛轮空处理。

二、可重新进行编排。

三、比赛进行过程中出现"三缺一"的局面：

（一）按已取得的分数评定成绩。

（二）由裁判指定替补人员作为陪打，参赛可计分，但不计成绩名次。

第四章　罚　　则

第十三条　处罚方式

一、警告

明显有违例犯规干扰比赛的言行，由裁判员当场重给予警告。第二次违例犯规，裁判员根据情节轻重，可给予罚分、停和，直至停赛的处罚。

二、罚分

（一）迟到

宣布比赛后迟到 10 分钟之内，警告一次，罚扣 10 分。迟到 15 分钟之内，罚扣 20 分。超过 15 分钟不到场按自动弃权，局分为 0。因迟到罚的分在统计局分时从积分中扣除。

（二）违例

违例者被判罚的分数应在每盘的积分中扣除。根据情节轻重，分别扣除 5 分、10 分、20 分、30 分、40 分、50 分、60 分 7 种罚分。

三、停和

取消本盘和牌的权利。

四、停赛

取消继续参加本次比赛的资格，严重者给予通报。

第十四条　违例行为及处罚

行使处罚时，要注意区别有意与无意、初次与再次、一般与严重的情节给予处罚。

一、换牌、偷牌、藏牌

凡有换牌、偷牌、藏牌、夹带或其他作弊行为者，裁判员有权处以停赛的处罚，并给予通报。

二、错吃、错碰、错杠

凡错吃、错碰、错杠者，在该盘中不得和牌。

三、空吃、空碰、空杠

手中没有可吃（碰、杠）的牌，却报牌"吃（碰、杠）"者；或者手里虽有这样的牌，报牌"吃（碰、杠）"却又不吃（碰、杠），一盘之内，第一次警告，第二次罚 5 分，第三次罚 10 分，第四次罚 20 分，以此类推。

四、摸牌

上家未打出牌，即动手摸牌，视为犯规。在一盘比赛内，第一次警告，第二次扣罚 5 分，第三次扣罚 10 分，第四次扣罚 20 分，以此类推。

五、碰牌

超过 3 秒钟碰牌，即为犯规，裁判员有权制止。在一盘比赛之内，第一次警告,第二次扣罚 5 分,第三次扣罚 10 分,第四次扣罚 20 分,以此类推。

六、错和与诈和的处理

(一)错和。和牌没有达到起和分(8 分)而宣布和牌者即予停和,并罚向各家支付 10 分,该盘继续比赛,错和者陪打,别人和牌后,按规定付分。

(二)诈和。尚差一张牌才能听牌,却误以为已经听牌,在他人打出牌时,自己宣布和牌,本盘停和并罚给各家 20 分,该盘继续比赛,诈和者继续陪打,别人和牌后,按规定付分。

(三)和错牌。听牌以后,误以为他人打出的牌是自己的和牌,从而宣布和牌(处罚同错和)。

(四)有意诈和。差两张以上的牌才能听牌,却宣布和牌,即为有意诈和,应予取消比赛资格。

七、暴露张的处理

(一)在行牌过程中,将自己的手牌暴露于桌面,暴露的牌就作为罚张,要在下一次轮到自己出牌时,将罚张打出。

(二)在别人报和牌时,将自己的手牌推倒亮明者,如报和牌成立,即给予警告处罚;如和牌不成立,则将所暴露的牌张打出,并停和陪打,直到别人和牌。

(三)在行牌过程中,将别人的手牌暴露于桌面,视情节轻重判罚责任者 5～60 分给被干扰者,并由裁判员裁决本盘是否继续比赛。

八、出牌

出牌报牌名,按违规处理;报牌错误,导致其他家误和牌,由报错牌者付三家应付的分。

九、牌张数目错误

在和牌之前,如果手牌多于或少于规定张数,称牌张数目错误,即“相公”,没有和牌的权利,只作陪打。

十、非法信息

在行牌过程中,运动员以说明、提示、表情、举止等方向同桌其他运动员运行暗示诱惑或传递信息。无论对方获益与否,都可予以罚分或本盘停和的处罚,只作陪打。

十一、严重干扰比赛

明显犯规,经劝告仍不服从裁判,并无理取闹,严重干扰比赛正当进行者,除取消比赛资格,给予通报,并交由体育领导机关处理。

第五章 申 诉

第十五条 申诉权

一、运动员的申诉权

运动员或其领队可对裁判员在其比赛桌上所做的任何裁决,有提出申诉的权利。

二、申诉时限

对于裁判员的裁决或其相关事宜的所有申诉,均必须在本局比赛结束后 30 分钟的有效时限内,由领队以书面形式提出。

三、申诉材料

申诉材料必须用书面提出并有领队签字才有效。

四、申诉办法

所有申诉材料可直接呈报仲裁委员会。

第十六条 申诉案件处理程序

一、与规则有关的申诉

凡涉及《规则》或比赛规定一类的申诉,由(总)裁判听取申诉并裁决。如对裁决不服,须向仲裁委员会上诉。

二、其他申诉

所有其他申诉,由组织委员会处理。

三、对申诉的裁决

在裁决申诉时,仲裁委员会可行使本《规则》赋予裁判长的一切权力进行复核,但不得否决裁判长根据《规则》和比赛规程以及为维持纪律所作的判罚。

四、对申诉处理的原则

对申诉的处理不得违背国家体育总局颁布的《体育竞赛仲裁条例》。

第六章 附 则

第十七条 解释权

本规则解释权属国家体育总局社会体育指导中心。

世界麻将比赛规则

（中文版，节选）

前 言

麻将源于中国，属于世界。由于其丰富多彩的文化内涵，及其趣味性、益智性、竞技性、联谊性，使它很早就成为世界各国人民的娱乐项目。

2005 年 10 月，在中国、日本、美国、德国、法国、丹麦、荷兰、匈牙利等各国麻将组织共同倡议下，成立了世界麻将组织。为了弘扬奥运精神，积极倡导健康、科学、友好的麻将文化，增进各国和地区之间健康竞技麻将运动的交流与发展，在各国麻将组织建议和参与下，我们编译了《麻将竞赛规则》。

本规则分中、英文两种版本，如因翻译和对《规则》的理解不同而出现的差异，以中文版本解释为准。

本规则版权属 WORLD MAHJONG CONTEST CENTER。

第一章 总 则

第一条 宗 旨

弘扬奥运精神；倡导健康、科学、友好的麻将文化；增进各国和地区人民之间的友谊与交流;创办文明、规范、高雅的麻将竞赛;提高麻将运动的竞技水平。

第二条 规则说明

一、本规则适用于世界麻将组织举办、认可的赛事及其成员所举办的各种麻将赛事和授权网上举行的赛事。

二、本规则执行期间如有变动,由世界麻将竞赛中心另做规定。

三、本规则解释权属 WORLD MAHJONG CONTEST CENTER,简称 WMCC,徽见封面。

第二章 行为准则

第三条 须 知

一、凡拥护并遵守世界麻将组织竞赛宗旨及《规则》的各国及地区的麻将组织与爱好者均可报名参赛。

二、参赛者应以品为上、遵守公德、公平竞争、服从裁判、尊重他人、益智强身。

三、参赛人员必须着装整洁,文明礼貌。竞赛场地严禁吸烟。不得佩带、携带影响竞赛的物品。

四、裁判员及竞赛工作人员应经过系统培训取得资质,依据竞赛规则、规程和裁判法的规定,严肃、认真、公正、准确地执行竞赛任务。

第三章 竞赛通则

第四条 基本术语及一般规定

一、轮:行牌一周为一轮。

二、盘:每次从起牌到和牌或荒牌为一盘。

三、圈:四人各坐一次庄为一圈。

四、局:每打完四圈或达到规定的时间为一局。

五、圈风:每局竞赛圈数的标志。第一圈为东风圈、第二圈为南风圈、第三圈为西风圈、第四圈为北风圈。

六、门风:选手每盘座位的标志。庄家为东风、下家为南风、对家为西风、上家为北风。

七、定位:选手按抽签号码确定的桌号及方位。

八、庄家、旁家:门风东者为庄家,其余均为旁家。无论是否和牌,庄家不连庄。

九、换位:选手在竞赛过程中按规程的规定进行位置调换。

十、手牌:标准数为十三张。包括摆亮在门前的顺子、刻子、杠;未亮明的手牌为立牌;开杠多出的牌及花牌不计算在十三张标准牌数内。

十一、将牌:按规定牌型和牌时必须具备的单独组合的对子。

十二、顺子:三张同花色序数相连的牌。

十三、刻子:三张相同的牌。碰出的为明刻,未碰出的为暗刻。

十四、对子:两张相同的牌。

十五、字牌:指风牌和箭牌,风牌为东、南、西、北,箭牌为中、发、白。

十六、幺九牌:序数牌中的一、九牌及字牌。

十七、吃牌:上家打出牌后,报吃牌者把自己的两张牌取出加在一起组成一副顺子摆亮在立牌前。

十八、碰牌:任一家打出牌后,报碰牌者把自己的对子取出,加在一起组成一副刻子摆亮在立牌前。

十九、杠牌:报杠牌的四张相同的牌。

二十、补花:抓到花牌后,摆亮在立牌前,并从牌墙末端补牌(先上后下)。

二十一、听牌:只差所需要的牌张即能和牌的状态。

二十二、和牌:符合规定的牌型条件,达到起和分8分的标准。

二十三、自摸和:抓牌成和牌。

二十四、点和:和他人打出的牌。

二十五、报牌:行牌者宣布吃牌、碰牌、杠牌、补花或和牌。

二十六、番种:具有一定分值的各种牌张组合的形式或和牌方式的称谓。

二十七、罚张:被判定受处罚的牌张。

二十八、单放:自摸成"和"的那一张牌,不可随意放入立牌中,应单独摆放,以便核查。

二十九、多张、少张:手牌数多于或少于规定的牌数。

三十、荒牌:每盘抓完第 144 张牌后,打出的牌仍无人和牌。

三十一、错和、诈和:不符合和牌规定而宣布的和牌。

三十二、牌墙、牌城:四人各自在门前码成十八墩牌,即称牌墙。四道牌墙左右相接称牌城。

三十三、牌池:即四道牌墙围起的区域。

第五条　竞赛程序

一、抽签:采用科学的方法,按照公开、公平、公正的原则,进行抽签、组织竞赛。未到抽签现场的队,由赛事委员会指定专人代替抽签,所抽之签有效。

二、竞赛形式:竞赛采用每桌四人制,以桌为竞赛小组进行比赛。

三、竞赛项目:个人赛和团体赛。

四、竞赛方法:可采用循环制、淘汰制、循环淘汰混合制等方式进行;每次竞赛应不少于六局。

五、竞赛器材、场地及设施:由世界麻将组织(包括世界麻将组织成员)举办的各种竞赛的器材、场地及设施由赛事委员会审定或确认。

1.麻将牌:质地坚实、光滑平整,大小、厚薄均匀,牌面图案花纹及字迹清晰工整,色彩鲜明,背面色泽一致。

(1)全副牌共有 6 类 42 种图案、144 张。

(2)序数牌合计 108 张。

①万子牌:从一万至九万,各 4 张,共 36 张。

②饼子牌:从一饼至九饼,各 4 张,共 36 张。

③条子牌:从一条至九条,各 4 张,共 36 张。

(3)字牌合计 28 张。

①风牌:东、南、西、北,各 4 张,共 16 张。

②箭牌:中、发、白,各 4 张,共 12 张。

(4)花牌：春、夏、秋、冬、梅、兰、竹、菊，各一张，共 8 张。

2.骰子：立方体，手掷骰子的规格为 1～1.5 厘米，质地坚实、平整光滑，六个面分别刻有 1～6 个点，1 的背面为 6，2 的背面为 5，3 的背面为 4，骰体为实心，重心在中心点。其中 1 点和 4 点为红色，其余为蓝色或黑色，各点着色鲜明。

3.场地：场地面积应能够容纳竞赛规程规定的选手同时出场比赛，场地环境安静清洁、通风良好、室内明亮，选手背后不得有镜子或其他反光物体，比赛场地必须具备安全疏散通道。

4.牌桌：桌面为正方形，边长为 80～95 厘米，高度适中，平稳牢固。桌面铺设的桌垫厚度不高于 0.3 厘米。或使用经过世界麻将竞赛中心审定的自动麻将桌。

5.座椅：大小、高低应与牌桌相适应。

6.计分：可采用竞赛成绩记录表或认定的电子计分器等记录竞赛成绩。

7.计时钟：竞赛现场应在明显位置设置计时钟；行牌计时可用秒表或自动计时器。

8.场地标志：

(1)"东"：竞赛场地应在自然方向的东方设置"东"字牌，以便确定选手就座的方位；

(2)"静"：竞赛场地环境安静、秩序稳定、无喧哗、无噪音；

(3)"品"：品德高尚、诚信公正。

六、竞赛时间：每局竞赛时间不超过 150 分钟(中场休息不超过 15 分钟)。每局结束前 15 分钟，裁判长报时提醒选手。竞赛在规定时间内完毕，本局结束；竞赛已到规定时间、尚在进行的竞赛应即终止，按已取得的分数计算成绩。

七、赛前检录与竞赛：

1.检录：选手按竞赛规定时间，到指定地点报到、检录。

2.选手入场就座：选手按规定时间提前入场，依抽签序号按编排的轮次表、桌次对号入座，由裁判员检查定桌、定位。总裁判长宣布竞赛开始时,选手按指令起立,相互行鞠躬礼,礼毕就座。比赛结束时,选手及裁判员相互握手致谢。

3.洗牌步骤:

(1)选手一起把牌全部反扣,使牌面朝下。

(2)选手双手搓动牌,使牌均匀而无序的运动。避免相同的及相连的牌集拢在一起。洗牌时搓动自己面前的牌,然后把牌推向中央,在牌桌中央搓动。

(3)裁判员认为洗牌不够均匀,可要求选手继续搓动。使用自动麻将桌除外。

4.码牌:每人码36张牌,两张牌上下摞在一起成一墩,为18墩,码成牌墙摆在自己门前,四人的牌墙左右相接成正方形。

5.掷骰与开牌:

(1)采用两次掷骰。掷骰者必须一手持两个骰子,从牌桌中央上空10—20厘米高度掷出。

(2)庄家首先掷骰,掷得的点数,既是开牌的基数,也是确定第二位掷骰者的点数。庄家掷点,以庄家为第一位,按逆时针方向顺序,庄为东,占数为5、9点;庄下家为南,占2、6、10点;庄对家为西,占3、7、11点;庄上家为北,占4、8、12点。根据庄家掷骰的点数,再由占点数者第二次掷骰。

(3)第二掷骰者掷点后,两次掷骰的点数之和作为开牌点数。开牌前,庄家应及时收回骰子。

(4)开牌:在第二次掷骰者所码的牌墙处,从右向左依次数到与开牌点数相同的那一墩,由庄家开始抓下两墩牌,按牌的顺时针方向抓取,直至每个人抓3次共12张牌,此时由庄家先抓上层一张牌,隔一墩再抓上层一张牌,其他人依次各抓一张。庄家共有14张牌,其他人各有13张牌。

6.理牌、补花:整理手中的牌,先由庄家补花,如补上花牌可继续补,再由南家、西家、北家依次补,然后庄家打出第一张牌。全部时间不得超过20秒。

第六条　行牌规定

一、语言规范:行牌过程中只能用"吃牌""碰牌""杠牌""补花""和牌",或"吃、碰、杠、花、和"报出行牌要求。报牌必须用中文或中文语音。出牌不报牌名。禁止闲话和用各种语言及其他形式交流。

二、行牌:打牌进行的过程,包括抓牌、出牌、吃牌、碰牌、杠牌、补取花牌直至和牌(或荒牌),其顺序依座次的逆时针方向进行。

三、抓牌:按逆时针方向进行,顺序是庄家、南家、西家、北家。上家打出牌归入牌池后,才能抓牌。

四、出牌:凡是抓进或吃、碰、杠、补花后,不和牌便要打出一张牌。出牌的时限为 10 秒。允许同时打出与吃进(或碰进)相同的牌。打出的牌应先放在自己门前亮明,然后归入牌池内。归入牌池内的牌要有序的从左向右摆放,放置到第六张后,再向后另起一行依次摆放。

五、摆牌:凡吃、碰、杠上家牌,要横放在亮出牌的左边;碰、杠对家牌,要横放在亮出牌之间;碰、杠下家牌,要横放在亮出牌的右边。

六、吃牌:上家打出的牌,如与自己手中的牌可以组成一副顺子,便可以报吃牌,报吃牌应稍慢些。可以"吃、碰、和"跟张打出的牌。

七、碰牌:他人打出的牌与自己手中的对子相同时,便可以报碰牌,并组成一副刻子。碰(杠)牌比吃牌优先,碰(杠)牌要快,要在 3 秒之内报出。

八、杠牌:报杠牌后,应即在牌墙末端补一张牌;吃、碰牌时,手中有杠牌不能报杠牌,再抓牌后才能杠牌。杠分以下两种:

1.明杠:别人打出一张与手中暗刻相同的牌时,即可报"杠";或者抓进一张与明刻相同的牌时,也可报"杠",并摆亮在立牌前。

2.暗杠:自己抓到四张相同的牌时,即可报"杠",并扣放在立牌前。但在和牌或荒牌后必须亮明,以便其他三家核查。暗杠不影响"门前清"。

第七条　和牌的规定

一、和牌的程序:和牌者必须先报和牌,并将手牌整理后亮明,报出自己和牌的番种、分数,再经其他三家公认、裁判审定。其他三家在和牌被确认前,不得将自己的立牌亮明。和牌优先于吃、碰、明杠。

二、和牌的要求：和牌者的牌型必须符合下列牌型之一：

1.和牌的基本牌型：

(1)11、123、123、123、123。

(2)11、123、123、123、111(1111下同)。

(3)11、123、123、111、111。

(4)11、123、111、111、111。

(5)11、111、111、111、111。

2.和牌的特殊牌型：

(1)11、11、11、11、11、11、11(七对)。

(2)1、1、1、1、1、1、1、1、1、1、1、1、11(十三幺)。

(3)1、1、1、1、1、1、1、1、1、1、1、1、1(全不靠)。

(注：1＝单张,11＝将、对子,111＝刻子,1111＝杠,123＝顺子。)

3.和牌的方式：

(1)自摸和：抓牌成和牌。

(2)点和：和他人打出的牌(包括抢杠和)。

4.和牌者：如有一人以上同时表示和牌时,从点和者按逆时针方向,顺序在前者为和牌者。

第八条　番种定义与分值

一、番种的分值与计分：

本《规则》认定的番种共有八十一种,分为九个系列,即：字牌系列、序数牌系列、刻系列、七对系列、花色组合系列、全带系列、不靠系列、和牌方式系列和特殊系列。分值是以比赛分为单位,对不同难度组成的番种的量化评价。分值分为十二级,依次为：88、64、48、32、24、16、12、8、6、4、2、1分。在符合和牌条件时,不同系列的番种可以按照计分原则,相互组合计分。

二、番种定义分值表：

分值	序号	番种	定义
88	1	四风会	和牌中,有东、南、西、北四副刻子(杠)。
	2	大三元	和牌中,有中、发、白三副刻子(杠)。
	3	绿一色	由"23468"条及"发"字中的任何牌组成的和牌。
	4	九莲宝灯	由一种花色序数牌按"1112345678999"组成的特定牌型,见同花色任何一张序数牌即成和牌(自摸加计不求人)。
	5	四杠	和牌中,有四副杠牌(暗杠加计)。
	6	连七对	由一种花色序数相连的七个对子组成的和牌(自摸加计不求人)。
	7	十三幺	由三种序数牌的一、九牌、七种字牌及其中一对作将组成的和牌(自摸加计不求人)。
64	8	清幺九	由序数牌一、九刻子(杠)、将牌组成的和牌。
	9	小四风会	和牌中,有风牌的三副刻子(杠)、另一种风牌作将牌。
	10	小三元	和牌中,有箭牌的两副刻子(杠)、另一种箭牌作将牌。
	11	字一色	由字牌的刻子(杠)、将牌组成的和牌。
	12	四暗刻	和牌中,有四副暗刻(或暗杠;自摸加计不求人)。
	13	一色双龙会	一种花色的两个老少副、5作将牌。
48	14	一色四同顺	一种花色四副序数相同的顺子。
	15	一色四节高	一种花色四副依次递增一个序数的刻子(杠)。
32	16	一色四步高	一种花色四副依次递增一个或两个序数的顺子。
	17	三杠	和牌中,有三副杠牌(暗杠加计)。
	18	混幺九	由字牌和序数牌一、九的刻子(杠)、将牌组成的和牌。
24	19	七对	由七个对子组成的和牌(自摸加计不求人)。
	20	七星不靠	必须有七个单张的东、南、西、北、中、发、白,加上三种花色数位按147、258、369中的七张序数牌组成的没有将牌的和牌(自摸加计不求人)。
	21	全双刻	由2、4、6、8序数牌的刻子(杠)、将牌组成的和牌。
	22	清一色	由一种花色序数牌组成的和牌。
	23	一色三同顺	和牌中,有一种花色三副序数相同的顺子。
	24	一色三节高	和牌中,有一种花色三副依次递增一个序数的刻子(杠)。
	25	全大	由序数牌7、8、9组成的和牌。

分值	序号	番种	定义
24	26	全中	由序数牌 4、5、6 组成的和牌。
	27	全小	由序数牌 1、2、3 组成的和牌。
16	28	清龙	和牌中,有同花色 123、456、789 相连的序数牌。
	29	三色双龙会	两种花色两个老少副、另一种花色 5 作将的和牌。
	30	一色三步高	和牌中,有一种花色三副依次递增一个或两个序数的顺子。
	31	全带五	每副牌及将牌中必须有 5 的序数牌。
	32	三同刻	和牌中,有三副序数相同的刻子(杠)。
	33	三暗刻	和牌中,有三副暗刻(暗杠)。
12	34	全不靠	由三种花色 147、258、369 不能错位的序数牌及东、南、西、北、中、发、白中任何十四张单张牌组成的和牌(自摸加计不求人)。
	35	组合龙	和牌中,有三种花色的 147、258、369 不能错位的序数牌(特殊顺子)。
	36	大于五	由序数牌 6、7、8、9 组成的和牌。
	37	小于五	由序数牌 1、2、3、4 组成的和牌。
	38	三风刻	和牌中,有三副风刻(杠)。
8	39	花龙	和牌中,有三种花色的三副顺子连接成 123、456、789。
	40	推不倒	由牌面图形没有上下区别的牌组成的和牌。包括 1234589 饼、245689 条、白板。
	41	三色三同顺	和牌中,有三种花色三副序数相同的顺子。
	42	三色三节高	和牌中,有三种花色三副依次递增一个序数的刻子(杠)。
	43	无番和	和牌后,数不出任何番种分(花牌不计算在内)。
	44	妙手回春	自摸牌墙上最后一张牌和牌(不计自摸)。
	45	海底捞月	和打出的最后一张牌。
	46	杠上开花	杠牌时,从牌墙补上一张牌和牌。杠牌加计,不计自摸;杠来花牌再补花成和不计杠上开花,可计自摸。
	47	抢杠和	和他人自抓开明杠的牌(不计和绝张)。
	48	双暗杠	和牌中,有两副暗杠。
6	49	碰碰和	由四副刻子(杠)、将牌组成的和牌。

续表

分值	序号	番种	定义
6	50	混一色	由一种花色序数牌及字牌组成的和牌。
	51	三色三步高	和牌中,有三种花色三副依次递增一个序数的顺子。
	52	五门齐	由三种花色序数牌、风牌、箭牌组成的和牌。
	53	全求人	四副牌组全是吃、碰(明杠),和他人打出的牌。
	54	双箭刻	和牌中,有两副箭刻(杠)。
4	55	全带幺	每副牌及将牌中都有幺九牌。
	56	不求人	没有吃牌、碰牌、明杠,自摸和牌。
	57	双明杠	和牌中,有两副明杠(一明杠与一暗杠计6分)。
	58	和绝张	和牌池、桌面已亮明三张所剩的第四张相同的牌。
2	59	箭刻	由中、发、白三张相同的牌组成的刻子(杠)。
	60	圈风刻	与圈风相同的风刻(杠)。
	61	门风刻	与本门风相同的风刻(杠)。
	62	门前清	没有吃牌、碰牌(明杠)的和牌。
	63	平和	由四副顺子及序数牌作将组成的和牌。
	64	四归一	和牌中,有四张相同的牌(不包括杠牌)。
	65	双同刻	和牌中,有两副序数相同的刻子(杠)。
	66	双暗刻	和牌中,有两副暗刻(暗杠)。
	67	暗杠	自抓四张相同的牌开杠。
	68	断幺	和牌中没有一、九及字牌。
1	69	一般高	由一种花色的序数相同的顺子组成。
	70	喜相逢	由两种花色的序数相同的顺子组成。
	71	连六	由一种花色六张序数相连的顺子组成。
	72	老少副	由一种花色的123、789的顺子组成。
	73	幺九刻	由三张相同的一、九序数牌、字牌组成的刻子。
	74	明杠	他人打出一张与暗刻相同的牌开杠;或抓进一张与明刻相同的牌开杠。
	75	缺一门	和牌中缺少一种花色序数牌。
	76	无字	和牌中没有字牌。

分值	序号	番种	定义
1	77	边张	只能听和123的3或789的7。
	78	坎张	只能听和顺子中间的牌。
	79	单调将	调单张牌作将和牌。
	80	自摸	抓牌成和牌。
	81	花牌	每张花牌计1分,不计在起和分内,和牌后才能计分。补花成和牌计自摸,不计杠上开花分;未补的花牌允许打出。

第九条　竞赛成绩的计算

一、盘的计分:每盘计分以和牌为前提条件,以比赛分为基本计算单位,根据计分原则,参照分值表进行计分。

1.和牌的前提:

(1)必须符合规则规定的牌型。

(2)番种分值之和至少为8分。

(3)符合规定的和牌方式。

2.和牌分数的组成结构:由底分、基本分及罚分组成。

(1)底分:指和牌后,未和牌方必须向和牌方所付的比赛分,分值为8分。

(2)基本分:指和牌后,各个番种分数的总和。

(3)罚分:指裁判员对选手在行牌过程中犯规所判罚的分,应在每盘结束时赔付或扣除。

3.分数的计算:

每盘和牌后按以下公式计算分数:

(1)自摸:(底分＋基本分)×3方(未和牌方)。

(2)点和:底分×3方(未和牌方)＋基本分×1方(点和方)。

4.计分程序:自报、公议、裁判核定。和牌者或他人不得再重新审核或追补漏报番种。裁判员按规定要求,在《竞赛成绩记录表》中记录竞赛有关事项,并要选手、裁判员签字。

5.计分原则:本《规则》的《番种定义分值表》是和牌计分的依据。和牌后,首先确定主体番种,并对无必然联系的各个番种进行组合,累加计分。其原则如下:

(1)不重复原则:当某个番种,由于组牌条件所决定,在其成立的同时,必然并存着其他番种,则其他番种不重复计分。

(2)不拆移原则:确定一个番种后,不能将其自身再拆开互相组成其他番种计分。

(3)不得相同原则:凡已组合过某一番种的牌,不能再同其他一副牌组成相同的番种计分。

(4)就高不就低原则:有两副以上的牌,有可能组成两个以上的番种,而只能选其中一种计分时,可选择分值高的番种计分。

(5)套算一次原则:如有尚未组合过的一副牌,只可同已组合过的相应的一副牌套算一次。

二、局的计分:

1.局分:一局竞赛中,每盘得失的比赛分之和为局分。局分不带入下一局竞赛。

2.标准分:4、2、1、0制。即每局竞赛同组的四人按比赛分的高低排序,分别获得该局的标准分4分、2分、1分、0分。

3.每局结束后,选手、裁判员须签字确认。

第十条　名次及品级的认定

一、名次的认定原则:按竞赛规定,竞赛局数标准分之和高者列前,标准分相同时比赛分之和高者列前。

二、品级的认定原则:参加世界麻将组织批准的竞赛并获得一定名次和达到规定的技术标准的选手,即授予相应的品级证书。品级认定权(包括网上)由世界麻将竞赛中心认可的机构授权。

第十一条　犯规与处罚

选手在竞赛中违反《规则》或规定时,将视情节给予警告、罚分、停和、停赛、取消录取名次、比赛资格及通报的处罚。

一、警告:有违例、犯规或干扰竞赛的言行,由裁判员当场给予警告。

二、罚分

1.迟到:宣布竞赛开始后,迟到10分钟以内扣罚10分、15分钟以内扣罚20分。超过15分钟按自动弃权处理,局分为0分。

2.违例:违例者被判罚的分数,应在每盘积分中扣除。依据情节轻重,分别扣除5、10、20、30、40、50、60分七种罚分。

三、停和:即取消本盘和牌的权利。

四、停赛:即取消继续参加本次比赛的资格,严重者给予通报。停赛的决定由裁判员、裁判长向赛事委员会提出报告。

五、取消录取名次或比赛资格:是对犯规情节严重或非法获得利益的选手做出的处罚。

六、违例行为及处罚:行使处罚时,应依《规则》规定视违规情节的轻重给予处罚。

1.换牌、偷牌、藏牌或其他作弊行为:裁判员有权处以此类行为停赛的处罚。

2.错吃、错碰、错杠、错补花:判该盘停和陪打。

3.空吃、空碰、空杠:一盘之内第一次警告、第二次扣罚5分、第三次扣罚10分、第四次扣罚20分,以此类推。

4.摸牌:上家打出的牌归入牌池后,才能抓牌。如提前摸牌(处罚同上)。摸错牌张者未放入立牌的,归回原位;已放入立牌的,该盘停和陪打。

5.碰牌:超过三秒钟碰牌视为犯规(处罚同上)。

6.错和与诈和的处罚:

(1)错和:和牌没有达到起和8分或误以为他人打出的牌是自己的和牌,而宣布和牌者,判该盘停和陪打,并向各家罚付10分。

(2)诈和:尚差一张(或以上)才能听牌,却误以为已经听牌,在他人打出牌时宣布和牌者,判该盘停和陪打,并向各家罚付20分。

7.暴露张的处罚:

(1)在行牌过程中,手中立牌暴露于桌面的牌张须作为罚张,应在轮到自己出牌时,将罚张打出。

(2)在他人报和牌时,将自己手中立牌推倒亮明者,如报和牌成立,给予警告;如和牌不成立,则须将所暴露的牌张依次打出,并判该盘停和陪打。别人和牌后,按规定付分。如有人将手牌或牌墙推乱致使本盘竞赛无法继续进行的,经裁判确认后,判其罚付每人 30 分。

(3)在行牌过程中,将他人手中立牌暴露于桌面的,视情节轻重判罚责任者 5~60 分给该人,并由裁判员裁决本盘是否继续比赛。

(4)报和牌者如和牌不成立,所亮之牌不按暴露张处理。

8.牌张数目错误:如果手牌多于或少于规定张数,该盘停和陪打。

9.非法信息:在行牌过程中,选手以提示、表情、动作、说明等方式向同桌其他选手进行暗示、诱惑或传递信息的,无论是否获益,本盘都可给予罚分或本盘停和陪打的处罚。

10.严重干扰竞赛:有明显犯规,经劝告仍不服从裁判并无理取闹者,将取消比赛资格并给予通报。

11.其他规定:

(1)吃、碰、开明杠的牌张应及时取回,延误两轮不得再取回(第二次摸牌前),判该盘停和陪打。

(2)所和的牌张应在算分前取回,否则按错和处理。

(3)报吃、碰、杠又改报和牌者,或未用规范语言报和牌者,未亮明手中立牌的,此轮不准和牌,抓过一次牌后可以和牌;已亮明的该盘停和陪打。

(4)先亮手中立牌后报和牌者,判该盘停和陪打。

(5)已伸手进入牌池抓牌者,即为放弃吃牌、碰牌(杠)、和牌的权利。

(6)和牌后,应用牌池里打出的牌张计算番种分值,明放一张牌表示 1 分、扣放一张牌表示 10 分。如将所和的牌与其他牌张混在一起计算分的,经裁判确认后,判该盘停和陪打。

不追诉原则:竞赛中,发现问题应及时指出并申请裁判解决,事后追诉无效。

第十二条　申　诉

申诉权：

一、选手的申诉权：选手或其领队可对裁判员在其比赛桌上所做的任何裁决，有提出申诉的权利。

二、申诉时限：对于裁判员的裁决或其相关事宜的所有申诉，均必须在本局比赛结束后的 30 分钟有效时限内。由当事人以书面形式提出，并交 200 美元申诉费，胜诉全额退款，败诉全款上缴。

三、申诉材料：申诉材料必须书面提出并由当事人及负责人签字才有效。

四、申诉方式：所有申诉材料可直接呈报仲裁委员会。

第十三条　申诉案件处理程序

一、与规则有关的申诉：凡涉及《规则》或竞赛规定一类的申诉，由（总）裁判长听取申诉并裁决。若对裁决不服，须向仲裁委员会提出上诉。

二、其他申诉：所有其他申诉，由赛事委员会指定有关部门处理。

三、对上诉的裁决：在裁决上诉时，仲裁委员会可行使本《规则》赋予裁判长的一切权利进行复核，但不得否决裁判长根据《规则》和竞赛规程以及为维持纪律所作的判罚。

对争议性非物质文化遗产保护的哲学思考

——以麻将文化为例①

【摘　要】马克思主义文化遗产观是马克思主义文化哲学的有机组成部分,是文化遗产保护的理论基础,对我国文化遗产保护有着重要的指导作用。麻将在申请非物质文化遗产保护中极具争议性,用马克思主义辩证否定观和文化遗产观来分析麻将,从马克思主义文化哲学高度论述争议性非物质文化遗产的传承与发展问题,推陈出新,化腐朽为神奇,对我国争议性非物质文化遗产的保护具有重要的借鉴作用。

【关键词】马克思主义文化遗产观;争议性非物质文化遗产;麻将;哲学思考

非物质文化遗产是指历史上与人民群众生产生活紧密相关、世代传承发展的各种传统文化或传统技艺等。非物质文化遗产是以人为本的活态文化遗产,它强调的是以人为核心的技艺、经验和精神。非物质文化遗产有着世代传承发展的传统文化表现形式,从产生至今,有着悠久的历史和随时代变化的创新性,为人民群众所认同,但部分文化遗产由于被不合理利用,对人民群众生产生活产生不利影响,故对其是否属于非物质文化遗产保护对象,尚具争议,此类文化遗产也就成为争议性非物质文化遗产,譬如麻将。

① 本文原为浙江省哲学学会 2015 年"历史唯物主义与当代中国特色社会主义"学术研讨会获奖论文,后载于《宁波大学学报(人文科学版)》2017 年第 2 期,并收入《中国社会科学文摘》2017 年第 8 期论点摘编。本文系浙江省教育厅高等学校访问学者教师专业发展项目"留住乡村记忆——新农村文化建设的紧迫课题"(浙教办高科〔2015〕99 号)、宁波大学预研项目"新农村文化建设的紧迫课题:非物质文化遗产的传承与发展"(XYY1003)阶段性成果。

一、马克思主义文化遗产观对争议性
非物质文化遗产保护的指导作用

（一）马克思主义文化遗产观对待文化遗产的辩证统一性

马克思主义文化遗产观即马克思主义对文化遗产问题总的看法与根本观点。它是马克思主义文化哲学的有机组成部分。马克思主义文化哲学就是从马克思主义哲学的视角出发，通过对人类文化对象和文化实践的反思，进一步对人的本质和主体性境遇，对人类文化的历史与现实作总体性和辩证性的价值审视和观念把握，以达成文化自觉。[1]唯物辩证法认为，矛盾是普遍存在的客观现象，矛盾是事物内部及事物之间既对立又统一的两个方面。人们在认识事物的时候，既要看到统一面，又要看到对立面，即坚持全面的、辩证的观点，做到"一分为二"看问题。马克思主义文化遗产观以唯物辩证法和唯物史观为基点，要求在文化遗产的传承发展上坚持辩证统一的思想，用全面的、辩证的眼光看待文化遗产的历史与现实问题，不能形而上学地"一刀切"，全盘否定一些有争议的文化遗产。不仅如此，在对待某一特殊文化遗产时，也要运用辩证思维方法分析其独特性和积极性，辩证地看待其消极因素，"去其糟粕，取其精华"。这是马克思主义辩证否定观对待文化遗产的正确态度。

（二）马克思主义文化遗产观对待文化遗产兼具历史性和时代性

马克思强调："人们自己创造自己的历史，但他们并不是随心所欲地创造，并不是在他们自己选定的条件下创造，而是在直接碰到的、既定的、从过去继承下来的条件下创造。"[2]这种对过去条件的继承，就是对历史文化遗产的继承。在任何时代与任何国度，都离不开历史文化遗产。如若抛弃历史文化遗产，割断民族血脉，就会摧毁根基，迷失方向。所以任何文化创新都不是凭空产生的，都是在继承历史文化遗产的基础上产生的。同时，马克思主义的理论品质是与时俱进。马克思主义唯物史观对待文化遗产的基本态度是要用"世界历史"的眼光来看待文化遗产,发展世界历史视野下的符合时代要求的民族文化。这是马克思主义文化遗产观历史性与时代性相统一的基本思想。

(三)马克思主义文化遗产观倡导社会与人全面发展的和谐性

马克思认为共产主义是对人的本质的真正占有,占有人的本质就是向社会人的复归,这种复归必须保存以往发展的全部财富,包括继承人类全部历史文化遗产。[3]

马克思主义哲学所倡导的是社会进步和人的解放及自由全面的发展。在马克思主义以实践为基础的文化遗产观中,人是实践的主体和文化发展的核心,文化遗产是通过人的实践活动而产生的物质成果和精神成果的遗存。马克思主义哲学明确告诉我们:人的自由全面发展的实现,就是自身的和谐发展,就是人与社会、人与自然的和谐发展。在马克思主义文化遗产观的内容中,始终包含着人与社会和谐发展的哲学理念。马克思主义文化遗产观认为,文化遗产是上层建筑的一种表现形式,它的产生离不开经济基础,而在传承创新过程中又反作用于经济基础。我们不能一味地追求经济发展而忽视上层建筑的反作用,忽视对文化遗产的传承创新,必须认真解决经济发展与文化遗产保护的矛盾,实现经济社会与文化遗产的全面协调可持续发展。

(四)马克思主义文化遗产观坚持文化遗产为人民服务的根本原则

马克思主义文化哲学认为,文化艺术是为人民大众服务的。非物质文化遗产是传统文化艺术的一部分,也必须坚持为人民大众服务的根本原则。尤其对于一些争议性非物质文化遗产,不能因为担心引起社会争议而置之不理或全盘否定,要在传承的基础上进行创造性转化与创新性发展,以满足社会多元文化共存与人民群众日益增长的精神文化需要。所以,马克思主义以人为本的文化遗产观是指:文化遗产是人民群众创造的,也是由人民群众共享的。在享有文化遗产带来的物质利益的同时,更享有文化遗产带来的精神利益,促使人达到自由全面的发展。

二、争议性非物质文化遗产保护和传承的认识论价值

(一)历史与现实的价值统一

非物质文化遗产是在一定历史条件下产生的,作为历史的产物,必然打上时代的印记,反映当时的自然生态状况和社会的政治、经济、科技、军事、文化等状况,具有历史价值;同时,非物质文化遗产还具有很高的现实价值,非物质文化遗产本身包含着特有的、丰富的文化信息,具有现实启示。

我们要用马克思主义唯物史观和文化遗产观科学对待争议性非物质文化遗产,将其放到当时的社会历史条件下去评价其价值。历史价值与现实价值是统一的。历史对于当代人类的重要性究竟在哪里?究其认识论的价值,可以理解为历史是一种宝贵的人类经验。历史和现实在哲学上是平等的。因此,当代人在评价争议性非物质文化遗产时,不能一味地强调现实价值而贬低甚至否定其历史价值。

麻将申遗屡遭挫折。关于麻将申遗的争论中,透露出各色人等对麻将的不同解读。早在2006年,麻将就曾申报国家级非物质文化遗产保护,未果。2007年再次申遗被否决。2012年第三次申遗又被否决,评审专家的理由是:无论是从重要性、急迫性还是从现实意义的角度,都不赞成将麻将纳入非物质文化遗产保护项目。还有一些专家则明确指出,麻将就是赌博工具,没有任何文化价值,麻将申遗是国耻。

文化哲学家邹广文教授认为:"工具作为一种中性存在,它自身无所谓危机与非危机。也就是说,工具本身是不伤害人也不利人的,它本身不会决定自己如何,而结果完全取决于制造和发明它的主体,即取决于人的态度和应用。"[1]麻将作为一种大众娱乐工具,本身并无好坏之分,错的是有人拿它去赌博。就像踢足球本身是一种很好的体育运动,但有人拿它去赌球,你能认为这是足球的罪过吗?

麻将申遗中所倡导的让麻将回归智力竞技的号召无可厚非。麻将从

博戏、叶子戏、马吊发展到今天,其历史可以追溯到千年以前,它是集益智性、趣味性、博弈性于一体的传统民间娱乐项目。

著名理论家龚育之认为,麻将运动是可以开展的。麻将是中国传统文化的一个组成部分,有广泛的群众基础,应该给予麻将"国民待遇"。[4]

毛泽东曾说过:"中国对世界有三大贡献,第一是中医,第二是曹雪芹的《红楼梦》,第三是麻将……你要是会打麻将,就可以更了解偶然性与必然性的关系。麻将牌里有哲学哩。"[5]这对当前学术界科学认识麻将的功能与作用颇有启发意义。

1998 年 7 月,国家体育总局审定的《中国麻将竞赛规则(试行)》在"前言"中说:"麻将与赌博并没有必然联系。新中国成立以后,赌博消失了,麻将却在人们的业余文化生活中健康地存在了许多年。今天,当有人用麻将作赌具的时候,其罪责,当不在麻将。"[6]国家体育总局明确指出麻将与赌博没有必然联系是非常科学、明智的。

与其把麻将视作赌博工具,或者一棍子打死,全盘否定,或者放任自流,任其像洪水猛兽一般祸害民众,不如让我们学习大禹治水的精神,对麻将运动加以科学疏导,规范化组织,使之发展成为竞技体育项目及文化娱乐项目,趋利避害,化腐朽为神奇。这件事势在必行,时不我待!

(二)精神变物质的价值调整

非物质文化遗产是民族精神和传统文化的载体,具有多种重要价值。争议性非物质文化遗产中有许多民间传说和文化记忆,强调与人为善、崇尚和谐的主旨,宣扬的是安分守己、恪守礼法,知足常乐、安贫乐道,明礼诚信、乐于助人等思想,尽管有些说教在实际中会带来诸如息事宁人、没有是非等负面影响,但要"一分为二"看问题,一些所谓的争议性非物质文化遗产的基本面在促进人心的平和、人际关系的友爱方面还是产生了积极的效果的。麻将若利用得当,则具有五个方面的社会文化功能:净化心灵、开发智力、娱乐人生、规范品行、结交朋友。

据考证,近代麻将是清代宁波人陈鱼门根据宁波海商文化、钱庄业文化新创的一种骨牌博弈方式。他在清同治三年(1864)将 40 张一副的纸牌马吊改造为竹骨麻将,形成了当时流行的 136 张牌一副的麻将,并将麻将传授给在宁波的外国人。陈鱼门发明的麻将很快成为宁波上流社会和商界的热门娱乐活动。陈鱼门后至上海经商,成为宁波商帮著名人士,常以搓麻将作为交际手段,与当时上海滩上的工商名人进行业务联络。麻将是宁波话"麻雀"的读音,而且麻将牌中绝大多数常用术语,也都采用宁波方言的读音。麻将文化与宁波钱庄业兴起有很大的关联,我们说麻将属于钱庄业文化,并不是说麻将可以用来赌钱,而是说麻将本身就是"钱币的游戏"。唯物史观认为,社会存在决定社会意识,社会意识是社会存在的反映。近代麻将就是陈鱼门根据马吊的基本花色和牌九的基本形式以及宁波钱庄业文化背景新创的一种骨牌博弈方式。"筒""索""万"分别由马吊的"文钱""索子""万贯"演变而成。麻将万、索、筒,本身是古代货币量的概念,筒即是铜钿(外圆内方的铜钱),与文钱相同,一千枚铜钿用绳索相串而成一贯,一万贯即一万个钱贯(钱贯是指穿钱的绳子或成串的钱)之和,合一千万枚铜钿。也就是"筒"的图案象征铜钱;"索"的图案象征穿钱的绳索,代表钱贯;而"万"是钱财万贯的简称;财神、元宝等花色更与钱币、银两直接相关。当"钱"(筒、索、万)不够用时,就向钱庄去借,而借钱,则需要写借据,找中人担保,由银库发出,"白板"象征一张空白借据,寓意宁波钱庄"大信不约"(即真正讲信义,不订约盟誓)的行业规矩,"红中"象征中人,"绿发"象征发出铜钱,换用现代词汇,就是凭证、担保、兑付,这属于典型的钱庄文化。另外,"发、白、中"象征《易经》中的天、地、人"三才";"中"还具有中和、中正的含义,"发"有发达、兴旺的含义,"白"则具有清白、纯洁的含义,符合浙东学派诚信为本、义中求利的思想。"和(hú)"牌的意思是和为贵,追求和谐。现在,社会上有些人把"和"牌说成"胡"牌,是不懂麻将高雅的文化寓意,只把麻将用于赌博,确实是胡来。麻将用竹骨材料制作,寓意讲诚信,有骨气。这种"君子爱财,取之有道"的思想体现了宁波商帮作为儒商的优良传统。后来,打牌赌博时出现的作弊行为"出千"实在是对麻将文化的亵渎。

　　搓麻将用"台"来计"番"象征钱庄的柜台数量与财富数量有关,"番"是麻将里的一种分数,是番饼(外国银圆)的简称。宁波是"海上丝绸之路"始发港之一,在对外贸易中流入大量外国银圆,宁波钱庄经常兑换外国银圆,因此在麻将术语中就出现了"番"字。另外,搓麻将使用筹码代替现金类似宁波钱庄业的"过账制度"(即非现金的金融结算制度)。

民间还有一种说法是:麻将的发明与海洋贸易有关,因为帆船行驶靠的是风,于是便有了东、南、西、北风,白板则代表茫茫的大海。陈鱼门加入"东南西北"四张风牌,寓意帆船时代航海业对海洋季风的依赖。宁波航海业一向发达,陈鱼门对麻将的创造及麻将的流行均与航运密切相关。风牌,源于帆船对风向的敏感。碰,两船迎面相撞曰碰,打牌时碰吃对家。嵌:宁波话读 kàn,嵌档即三张牌组合中间的一张,意谓航船嵌进泊位。停,宁波话读 tīng,船舶靠岸曰停,意即自己的牌局组合停当;放铳,宁波传统习俗中放铳放炮仗是庆典时的重要礼仪,庆贺船舶顺利返航,而非其他几种麻将起源说所认为的,用鸟铳来打麻雀。搓麻将时放铳是打出牌让别人成和,有成人之美、值得庆贺的意思。

以陈鱼门为代表的宁波商帮非常注重团结协作,主张"和而不同"。这就好比四个人搓麻将,三缺一不行,一缺三更不行,大家需要形成一个精诚合作的局面,自觉遵守游戏规则。

争议性非物质文化遗产往往具有多种不同类型的价值,不仅具有精神价值,还具有艺术价值、娱乐价值等,有利于当代文化产业发展,体现经济价值。从历史上看,通过"海上麻将之路"①,近代麻将从宁波流传到世界各地。最早传输时间大约在清朝同治、光绪年间,正是宁波钱庄业发展的鼎盛时期。宁波在历代对外贸易和近代金融业中居于重要地位,从而推动了麻将文化向世界各国的传播。20 世纪 20 年代,宁波、上海等港口的麻将牌出口达到鼎盛,麻将牌竟然成为上海港对外出口商品中排名第六位的重要货物,于是麻将号称中国近代最强大的文化输出。宁波港也一直在出口麻将牌,直至 20 世纪 80 年代还出口印有英文字母的高级麻将牌;此外,麻将牌和自动麻将机的出口量也是非常惊人的。

---

① "海上麻将之路":"海上丝绸之路"的一部分,是指近代中国与世界其他国家及地区进行麻将文化交流的海上通道。

（三）传承与发展的价值提升

非物质文化遗产具有独特的存在价值，因为它是各种文明的源泉。《世界文化和自然遗产保护公约》指出，任何一项遗产的毁灭或消失都将造成世界各民族遗产之有害的匮乏，保证传之于后代是"当前和将来文化的丰富与和谐发展的一个源泉"。

古往今来，麻将在大多数人眼里几乎就是赌博的代名词，政府也将麻将视为禁物，直到 1998 年 6 月 18 日国家体育总局正式批准麻将作为一种体育竞技项目。这一步骤，具有里程碑意义。但是，麻将仍然不为一些社会民众、学术专家和有关政府部门所承认。质言之，从国粹的角度看，麻将同围棋、象棋一样，都有着传统文化的印记。围棋和象棋普遍为群众所接受，其不仅可以陶冶情操，而且还成为中国古典文化的代表。相反，麻将不仅登不了大雅之堂，为人所不齿，而且也得不到有关政府部门的肯定。要正确认识麻将，就必须用"一分为二"的方法看待它，保护和发展这一争议性非物质文化遗产。

（四）糟粕和精华的价值转化

对待文化遗产要有科学的态度。"不讲文化遗产在当时历史条件下的意义和作用，只讲以当今的'主体价值观'来做标准，是一种危险的、严重危害非物质文化遗产保护和传承的观点。"[7]

以所谓"当今的主体价值观"来作为评判非物质文化遗产"精华与糟粕"的标准，不符合马克思主义的唯物史观和文化遗产观，也不符合科学发展观和构建和谐社会的理念。

必须清醒地认识到，随着人类生存理念的变化，非物质文化遗产的保护内容和方法在不断发展与调整，保护领域的扩大引发了要素、类型、空间、时间、性质、形态等各方面的深刻变革。

以马克思主义文化遗产观和辩证否定观为指导来科学认识非物质文化遗产的价值，我们不能简单评判哪些非物质文化遗产是精华，哪些非物质文化遗产是糟粕，而是要探讨哪些非物质文化遗产所包含的内容已经不合时宜了。事实上，任何非物质文化遗产都包含精华与糟粕两部分，不能绝对化。对于不合时宜的非物质文化遗产,重要的也不是对其全盘否定,而是将其推陈出新。

改造非物质文化遗产,即改造其不合时宜的成分,赋予其新的文化内涵与时代精神。譬如赛龙舟,最早是古越族人祭水神或龙神的祭祀活动,在今天则演变成为大众喜闻乐见的民俗活动,甚至成为体育比赛项目。又如,举办国际麻将锦标赛,逐渐以竞技麻将取代用于赌博的麻将,对不合时宜的争议性非物质文化遗产进行改造和扬弃。

与此同时,对于一个国家和民族来说,不仅要继承优秀的传统文化,而且也要不断地创造出新的文化来。对传统文化,要处理好继承与创新的关系,重点在于创造性转化、创新性发展。如今,有人推陈出新,改造发明了"国学麻将",把搓麻将与学国学有机结合起来,摒弃其用于赌博的恶习,增强其文化宣教功能,这正是对麻将文化的传承与发展。

三、争议性非物质文化遗产传承保护的文化生态学方法论

文化生态学是一门将生态学的方法运用于文化学研究的新兴交叉学科。文化生态学运用系统论的有关原理,将文化视为一个系统整体,作为这个系统整体的"文化生态系统"由各文化亚系统组成,并且在各亚系统之间相互作用、相互影响。

研究非物质文化遗产的文化生态,有助于我们了解争议性非物质文化遗产的具体生存境遇,这对争议性非物质文化遗产的保护、传承与可持续发展具有重要的理论指导意义和现实意义。对于争议性非物质文化遗产的保护与传承来说,文化生态学不仅仅是一种理论基础,更是一种方法论。

麻将寄托着中国人的生存理想,麻将还体现了一种生态文明。麻将发明的"宁波说"认为,竹骨牌取名"麻雀"(音麻将)与宁波历史上的鸟类崇拜有密切联系。在宁波民间传说中,七千年前的河姆渡人就开始种植水稻了,正是麻雀衔来了谷种使得人类种植水稻得以繁衍,因此在河姆渡人那里就有了鸟类崇拜,出现"双鸟羿日"的图腾。鸟类崇拜现象在浙东

地区从远古一直传承到今天,麻雀在浙东民间被称作"送谷神"或"雀仙",因此麻将牌里就用麻雀代表"一索",另外,"索"与"束"音相近,索子也有可能是指代稻束,一副麻将牌里有钱有粮,才符合广大民众的幸福愿望。麻雀又是吉祥鸟,在大海中航行充满危险,船员看到麻雀落船,说明行将到岸,内心不禁欢喜雀跃,因此对麻雀(麻将)喜爱有加。同时,麻将文化已经作为一种"中国创造"广泛流行于欧美、日本,甚至连犹太人都对其爱不释手。犹太人还在学习中国麻将的基础上加以改进,发明了"以色列麻将"(又名"拉密牌"),在世界上广泛流行。但是在中国,由于对麻将的不正当利用,许多群众将麻将作为赌博工具,陷入了麻将的功能是赌博的认识误区。尽早让广大群众走出认识误区,凸显麻将的国粹属性,对民族文化遗产的保护和传承具有重要作用。

在宣传与弘扬麻将文化的过程中,基于马克思主义辩证否定观和文化遗产观的基本理念,需要充分发扬麻将文化中有利于人们生产和生活的积极方面,发掘正能量。要始终坚持把麻将文化发展同人的全面发展相统一,坚持人与人、人与社会、人与自然之间的和谐,最终实现麻将文化的和谐发展与传承。人民群众是文化遗产的创造者,同时也是文化遗产的享有者。这里的享有必须是可以实现人民群众自由全面发展的享有。麻将文化由古人创造,延续至今。继承和发扬麻将文化不仅是要摆脱对麻将功能的认识误区,而且要传承麻将文化中的传统文化意蕴。对麻将牌的认识犹如对鸟类保护动物麻雀的认识,需要经过"从肯定到否定再到否定之否定"的辩证发展过程。这不仅是为麻将"正身",更要让这种传统国粹得以光明正大地为人民群众所使用和发展,实现文化进步与人的全面发展的统一。

对争议性非物质文化遗产的保护,既是一种态度或行为方式,也是一门哲学。今天,可供我们保护的非物质文化遗产不是太多而是太少了,在全社会树立保护争议性非物质文化遗产的意识何其紧迫!

【注释】

[1] 邹广文.当代文化哲学[M].北京:人民出版社,2007:1,52.

［2］马克思恩格斯选集(第2卷)[M].北京:人民出版社,2009:470-471.

［3］马克思.1844年经济学哲学手稿[M].3版.北京:人民出版社,2000:77.

［4］姜浩峰.麻将转正的内情[J].新民周刊,2012(45).

［5］孙宝义,刘春增,邹桂兰.听毛泽东谈哲学[M].北京:人民出版社,2012:8.

［6］国家体育总局审定.中国麻将竞赛规则(试行)[M].北京:人民体育出版社,
1998:1.

［7］刘锡诚.试论非物质文化遗产的价值判断问题[J].民间文化论坛,2008(6).

【参考文献】

［1］唐家路.民间艺术的文化生态论[M].北京:清华大学出版社,2006.

［2］邹广文.当代文化哲学[M].北京:人民出版社,2007.

［3］鲍展斌.文化遗产哲思:马克思主义文化遗产观研究[M].杭州:浙江大学出版社,2008.

［4］王文章.非物质文化遗产概论[M].北京:文化艺术出版社,2008.

［5］李荣启.论非物质文化遗产保护的主要原则与方法[J].广西民族研究,2008(2).

［6］钟典模.非物质体育文化遗产的价值与继承[J].唐山师范学院学报,2010(5).

［7］娄芸鹤.非物质文化遗产的文化价值再造[J].东北大学学报(社会科学版),2014(1).

［8］杜亚泉.博史[M].上海:开明书店,1933.

［9］徐珂.清稗类钞[M].北京:中华书局,1986.

［10］杨天宏.胡适反对打"麻将"[J].文史杂志,1991(6).

［11］倪依克.麻将运动的文化价值[J].云梦学刊,1999(4).

［12］林国清.麻将文化透析[J].福建公安高等专科学校学报,1999(4).

［13］周海雄,王雁玲.麻将的起源与演变[J].宁波大学学报(人文科学版),2002(4).

［14］林俊超.毛泽东的"麻将玩法"[J].福建党史月刊,2003(3).

［15］于光远,马娣慧.休闲·游戏·麻将[M].北京:文化艺术出版社,2006.

［16］巴卡.中日麻将文化杂谈[J].体育文化导刊,2007(12).

［17］万秀峰.麻将小考[J].紫荆城.2008.

［18］蒋益文.麻将的来龙去脉[J].文史天地,2009(11).

［19］刘继兴.毛泽东拿麻将说事[J].江淮文史,2012(1).

［20］三众.麻将不是赌具,应该成为世界遗产[J].世界博览,2013(3).

后 记

　　2015—2016 年,我在清华大学人文学院访学,发现辜鸿铭、梁启超、梅贻琦等国学大师钟爱的麻将文化,在国学底蕴深厚的清华园已不见踪影,就连图书馆里也几乎找不到一部研究麻将文化的著作。对此,我感到非常遗憾。同时,我在一些当代刊物中发现若干篇批判麻将的文章,直言麻将是祸国殃民的赌博工具,没有任何价值。并且,这些文章对麻将起源与流传的考辨大多缺乏根据。为此,我深感痛心。我当然痛恨赌博害人,但视麻将为赌博之过的"帮手",显然是搞错了对象,赌博之过在于人,不在于物!

　　我曾专门撰写了一篇为麻将鸣不平的论文《对争议性非物质文化遗产的哲学思考——以麻将文化为例》,并作为会议论文在 2015 年度浙江省哲学学会学术会议上进行交流。让我欣喜的是,论文受到与会专家的好评,被评为浙江省哲学学会 2015 年"历史唯物主义与当代中国特色社会主义"学术研讨会论文一等奖。这对我是一个很大的鼓舞。我再接再厉,于 2020 年成功申报宁波市文化研究工程项目"宁波近代'海上丝绸之路'麻将文化研究"(WHDYTS20-1),并顺利地完成研究任务,按时提交了研究成果。

　　拙作的付梓,要感谢宁波市社科联领导与宁波大学领导,以及本院领导的关心与支持。家人的支持也是我前进的动力,尤其是小女鲍楚楚,作为项目组成员,她为书中"国学麻将说"的内容整理付出尤多,颇有创新成果。

麻将文化博大精深,拙作《宁波近代麻将文化研究》作为管窥之说,还存在许多不足之处,如对麻将起源的考证有待完善,关于夏福礼评价麻将的原文因时间仓促未能找到,只能留待今后去补充了。

是为记。

鲍展斌

2021 年 5 月